entre sessões

entre sessões

PSICANÁLISE PARA ALÉM DO DIVÃ

Lucas Liedke

PAIDÓS

Copyright © Lucas Liedke, 2023
Copyright © Editora Planeta do Brasil, 2023
Todos os direitos reservados.

PREPARAÇÃO: Valquíria Matiolli
REVISÃO: Ana Laura Valerio e Ana Maria Fiorini
PROJETO GRÁFICO E DIAGRAMAÇÃO: Nine Editorial
CAPA: Gabriela Pires e Guilherme Vieira/Estúdio Daó

DADOS INTERNACIONAIS DE CATALOGAÇÃO NA PUBLICAÇÃO (CIP)
ANGÉLICA ILACQUA CRB-8/7057

Liedke, Lucas
　Entre sessões: psicanálise para além do divã / Lucas Liedke. –
São Paulo: Planeta do Brasil, 2023.
　208 p.

ISBN 978-85-422-2141-1

1. Psicanálise I. Título

23-0676　　　　　　　　　　　　　　　　　　　　　　CDD 150.195

Índice para catálogo sistemático:
1. Psicanálise

Ao escolher este livro, você está apoiando o manejo responsável das florestas do mundo.

2023
Todos os direitos desta edição reservados à
EDITORA PLANETA DO BRASIL LTDA.
Rua Bela Cintra, 986, 4º andar – Consolação
São Paulo – SP – CEP 01415-002
www.planetadelivros.com.br
faleconosco@editoraplaneta.com.br

Obrigado ao vô Nilton, que me deu um dicionário e me chamou de "homem das palavras" quando eu mal sabia escrever.

E ao meu amigo André Alves, por dar vida aos nossos sonhos.

SUMÁRIO

PREFÁCIO – LETRUX 10

— O QUE HÁ *ENTRE*? 14

NA PORTA DO CONSULTÓRIO 22
    Rituais de iniciação 24
    O Desconhecido (logo de cara) 29
    Conceitos em suspensão 38
    Formação do sujeito, analista em formação 48

NOTÍCIAS DO ICS 56
    Não existe ato falho 59
    Meu sintoma favorito 65
    Eu queria sonhar com Freud 74
    Meme, o chiste digital 81

NOS VEMOS LÁ FORA 90
    Análise cultural 94
    Insta-therapy 102
    Por um mundo melhor? 112

PALAVRAS EM ANÁLISE 126
    Crise de escuta 129
    A garganta que pensa 142
    Psi-léxico 152

O TEMPO QUE LEVA TEMPO 166
    Tempo perdido 170
    Não linear, do começo ao fim 178
    Linha de chegada, cura ou morte 188

PREFÁCIO
– LETRUX

O convite do Lucas para que eu escrevesse o prefácio do seu livro veio na mesma semana em que meu analista me convidou a deitar no divã pela primeira vez. Achei tudo curioso, e, como não acredito em coincidência, resolvi aceitar. A deitada e o prefácio.

Sempre tive fascínio por psicanálise, mesmo quando ainda não fazia. Desde criança, se eu visse um filme ou lesse um livro, e se lá houvesse a figura *psicanalista*, eu ficava mais animada, excitada com os acontecimentos que viriam. O tema era garantia de que algo bom estava prestes a acontecer. Psicanálise pra mim é foco e desvio o tempo inteiro. Filme sem desvio é chato. Livro sem foco também. Como equilibrar? Não sei, e dizem que o não saber é um campo ativo. Eu confirmo, me arrepiando. Desde criança, era dada a me investigar, da maneira possível pra época, e depois do trauma da morte de uma prima amada, lá fui eu adentrar o mundo da psicanálise. Foi a morte que me convidou. Era o fim de um mundo e o início de outro.

Há um tempo admiro a cabeça do Lucas, sempre me senti atraída por seres com afiada curadoria de palavras. E Lucas tem olhos, neurônios e ventrículos atentos ao mundo da linguagem e das percepções. *Entre sessões: psicanálise para além do divã* é um ótimo e delicioso livro de uma pessoa nitidamente apaixonada pela intrigante e esquisita tarefa que é estar vivo.

Gosto de quem manja bem de um assunto e consegue fazer com que os símbolos atravessem a rua. Em seu livro, Lucas não nos dá a mão, mas mostra onde está a faixa de pedestre. Atravessamos. Conseguimos. E tome-lhe ótimas referências, desde a egrégora Freud, Jung e Lacan, passando por contemporâneos como Paul B. Preciado, Maria Homem, Christian Dunker e Byung-Chul Han. A cada página, fiz o passeio completo das emoções. Grifando e gritando. Teve página que eu jurei que sim, teve página que eu fiz cara de "será?". Tal qual na análise, há dias que saio bufando, dias que saio animadíssima, dias de puro constrangimento e também dias de juras de "sim, algo mudou". Tento ir sem saber. É também sobre impossibilidade, Lucas me alerta. Gozo e neurose *ad infinitum*.

Análise é uma travessia íntima e particular, mas, antes do salto mortal, dividimos as alegrias e angústias com as amizades, com os amores, até mesmo com as pessoas desconhecidas. Quem nunca deixou um segredo escapulir sem querer querendo para o motorista do aplicativo? Mas uma hora a caverna fica escura demais – ou entra tanta luz, jamais saberei – que a vontade de contar vai para além. É hora da psicanálise. É curioso contar a mesma história pela milésima vez, mas agora num divã. Essa paisagem da minha infância, entrego agora para o psicanalista. Ele enxerga outros detalhes. Queremos ver as paisagens que conhecemos através do outro. Por outros olhos e armadilhas. É Deleuze, é Marina Lima, é Lucas Liedke. Ler *Entre sessões* me deu mais vontade de fazer análise. Me deu ganas de juntar minhas tralhas e deitar no divã e soltar um "muito que bem". A jornada é solitária, mas há pessoas aptas a colaborar com essa saga, para nosso grande alívio e também agonia.

Não somos reféns absolutos da nossa história. Coisas acontecem. Sentidos deslizam. Em menos de duzentas páginas, Lucas nos elucida com força que devemos dar mais crédito a nós mesmos e à nossa capacidade de mudança. *Cataploft*. Análise nos toma tempo, mas nos devolve também. Desvio, foco, vale mergulhar.

— O QUE HÁ *ENTRE*?

E fora do divã, como vai a psicanálise? Afinal, não é *entre sessões* que a vida acontece?

Mesmo com a sua atmosfera sisuda, o palavreado rebuscado e a preferência por temas espinhosos, todo mundo vive disso que a psicanálise se propõe a tratar. As paixões. Os sonhos. As frustrações. O desejo. O impossível. Todas as coisas que ignoramos, esquecemos ou reprimimos a respeito não só do nosso passado individual e coletivo, mas também do dia a dia da nossa "vida normal". Até porque se a gente lembrasse de tudo o tempo todo não saberia o que fazer com tudo *isso*.

Fazer este livro e nomeá-lo *Entre sessões: psicanálise para além do divã* foi a saída que eu encontrei para lidar com os muitos *issos* que rodeiam esse tema na minha cabeça e em minha vida. O desafio a que me propus foi o de mapear os lugares para onde eu acredito que a psicanálise escoa ou poderia escoar. Para além das questões clínicas, para além da minha clínica, para além da minha própria análise. O meu desejo (vai saber?) foi o de fazer uma narrativa que retomasse a minha relação pessoal e profissional com esse campo de investigação; e quem sabe, com isso, acompanhar o leitor e a leitora no seu momento de descoberta ou redescoberta com a psicanálise. No seu amor pela psicanálise, na sua devoção, na sua raiva também, nas dúvidas, inseguranças e em todo afeto mais que couber aí dentro quando se entra na arena do desejo em duelo com a castração.

    Eu quis escrever um livro sobre psicanálise que, de algum jeito, divagasse para além da teoria e para além da prática, se é que isso é possível. Que tratasse, principalmente, da potência da psicanálise como instrumento de conhecimento e também desconhecimento. Um livro que não cometesse o erro de falar demais, mas que propusesse o improvável: algum tipo de escuta. Que convocasse o leitor e a leitora a se escutarem na sua própria leitura e a reconhecerem o seu lugar diante desse universo tão vasto. E, quem sabe assim, também mudar de lugar. Um livro que fosse inteligível e prazeroso tanto para analistas e analisandos como para futuros analistas e futuros analisandos, em seus diferentes estágios de interesse e afinidade com a teoria e o método psicanalítico. Um livro que aproximasse qualquer um para esses arredores, sem grandes complexidades de forma e conteúdo, evitando a criptografia típica que tanto nos atormenta nesse meio, e que expandisse a presença da psicanálise para fora das leituras herméticas que costumam retratá-la.

Eu tenho um grande apreço por pensar, dialogar e escrever sobre saúde mental, comportamento e cultura. Quanto mais eu pesquiso e estudo, mais eu aprendo e mais eu compreendo que há muito mais a aprender. Mas eu me convenço também de que seria interessante se pessoas próximas ou distantes de mim se debruçassem com mais profundidade sobre as questões do inconsciente, da angústia e da neurose.

Não precisamos ser especialistas para enxergar a psicanálise como uma tese importante, um conjunto de termos instigantes que se inter-relacionam. Isso já é bastante. É pensar na psicanálise enquanto uma linguagem da qual todos poderíamos fazer algum tipo de uso. No nível mais básico mesmo, sem medo de que seremos intimados a prestar contas com relação a tudo que Freud disse ou escreveu na vida. Como você já deve ter percebido, esta publicação está longe de ser um livro para psicanalistas avançados na sua formação, até porque eu mesmo estou longe de me enquadrar nessa posição.

O que mais me faz vibrar atualmente é acreditar em uma psicanálise que se amplia e se conecta com outros campos do conhecimento, da cultura, da política, da arte, da ciência e até mesmo do mercado e do consumo; que conversa com diferentes perfis demográficos e psicográficos; que desregula o ritmo monótono de alguns fóruns e escolas que não demonstram nenhuma intenção ou vocação em traduzir e expandir o interesse da sociedade em geral pela psicanálise — o tal encastelamento do qual todos afirmamos ter bode. Ainda assim, pouco sabemos como fazer para descer do topo dessa torre.

Tenho a sensação de que a música que embala a dança entre a teoria e a prática não é um espetáculo exclusivo para analistas e suas clínicas, ainda que o melhor desse show aconteça mesmo em uma sala fechada e à prova de som. Mas, para além dessa preciosa soma de minutos semanais, vivemos a psicanálise, principalmente, no exercício diário da vida. E também, no longo prazo, na acareação que eventualmente fazemos sobre o decorrer da nossa história, ao longo dos anos e das décadas. As vidas dentro de uma vida... A psicanálise se esbalda aí. E todo mundo tem vidas dentro da vida para serem analisadas.

Vivemos a psicanálise na observação do mundo, do outro e de nós mesmos; e creio que podemos fazer uso dessas reflexões para provocar alguma transformação também no mundo, no outro e em nós mesmos. Sem dúvida, o desafio de realizar essa manobra é feito de forma mais integral e substancial em nossas análises pessoais, com o esforço e a companhia de um bom analista ou uma boa analista. Mas a análise pessoal, em si, não é tudo. Nem poderia ser, pois a psicanálise é avessa às totalizações.

Existem, sim, algumas fendas e furos, e são eles que desejo abrir com este livro. São frestas que podem iluminar e ventilar as salas fechadas da psicanálise, e que, de alguma forma, me fizeram chegar até aqui.

E como foi isso?

1. Primeiro, com uma sede inaugural e juvenil para adentrar esse mundo. *Na porta do consultório* é o título que atribuo a essa primeira fase, na qual dou de cara com as primeiras limitações e frustrações em tentar dominar o processo de aprendizagem, solucionar a questão da formação e, de forma bastante ingênua, tentar capturar essa entidade chamada inconsciente.

2. Um pouco mais em paz diante do indecifrável, a segunda fase eu chamo de *Notícias do ICS*. É quando me proponho a fazer uma pesquisa mais profunda do inconsciente, mas pelas beiradas. Pela exploração de seus rastros e vestígios, que é basicamente o que temos. Essa é uma investigação que nos dá mais corpo ao insondável da mente humana, como se fosse possível começar a intuir a anatomia 3D de um objeto apenas pelas suas sombras chapadas na parede.
3. No terceiro momento, tomado pelo entusiasmo de tangenciar sem precisar apreender, é que surgem os delírios de uma psicanálise cada vez mais onipresente. Talvez até uma certa obsessão da minha parte em tentar encontrar ou levar a psicanálise para mais lugares. *Nos vemos lá fora* é sobre as minhas hipóteses e suposições de como a psicanálise atravessa (ou poderia atravessar) os mais diversos campos da cultura e da sociedade nos dias atuais.
4. Na sequência, faço um mergulho na constatação de que a psicanálise me ensinou a viver a linguagem de novos modos. *Palavras em análise* é a intersecção entre comunicação, fala, escuta, escrita e vocabulário — que abre a nossa boca e os nossos ouvidos para repensar como a nossa

relação com a linguagem afeta a nossa saúde mental. Sim, as palavras mudam a nossa vida.
5. Para dar algum fim, *O tempo que leva tempo* traz uma reflexão final sobre chegar ou não ao fim de uma formação em psicanálise, de uma análise ou de uma vida. E formatar outras novas vidas a partir daí. É sobre os desajustes rítmicos em que vivemos, as velocidades da depressão, da ansiedade, dos longos períodos e processos de transformação. As temporalidades que enfrentamos até a linha de chegada. A cura. A morte. E a paz.

NA PORTA DO CONSULTÓRIO

Meu antigo analista costumava dizer que existe um fosso na porta de qualquer consultório de psicanálise. A conta é mais ou menos assim: tem muita gente que afirma querer fazer análise. Alguns vão atrás e buscam indicação de um possível candidato para ocupar a função de "meu/minha analista". Um número ainda menor de pessoas efetivamente entra em contato, marca a primeira sessão, chamando-a de consulta. E, no fim, poucos são os que conseguem, efetivamente, chegar no dia e na hora certa e abrir a porta sem cair no buraco que antecede qualquer entrada em análise.

Podemos pensar em algo semelhante para o interesse em geral pela psicanálise, nos primeiros contatos com a teoria, na regularidade e paciência com os estudos, na escuta dos relatos alheios de sessões e processos de análise. É comum começarmos espiando esse mundo pela fechadura, com uma mistura de curiosidade, fascínio e estranhamento. Minha associação livre agora foi com a cena primária freudiana, mas depois falamos sobre isso.

Para esta parte inaugural do livro, nos meus primeiros passos como autor e nos seus como leitor ou leitora por aqui, o meu convite é para nos aproximarmos com tranquilidade e sem nenhuma pressa por apreensão de conteúdo. Para isso, vou recorrer a algumas definições teóricas bastante breves e relatos dos questionamentos iniciais que marcaram a minha relação pessoal e profissional com a psicanálise.

RITUAIS DE INICIAÇÃO

Não vou tentar começar exatamente do começo, porque seria impossível ter acesso a *um* grande começo. Mas, pensando sobre *algum* começo, vários momentos marcantes me vêm à mente. Em um deles, eu estava deitado no sofá da minha antiga sala, o sol batendo pela janela, e segurava em minhas mãos *Cartas a um jovem terapeuta: reflexões para psicoterapeutas, aspirantes e curiosos,* do psicanalista Contardo

Calligaris. Li aquele livro tão curtinho e especial em poucos dias e me senti intimamente inspirado. Mas, mais do que isso, me senti acolhido. Tinha 35 anos, estava em análise e estudando psicanálise havia algum tempo – nem muito, nem pouco – e enxergava a mim mesmo como um jovem terapeuta em potencial. Me sentia assim tanto na vida como na psicanálise. E, por isso mesmo, dava tantas voltas, repetidamente, ao redor da seguinte questão: será que eu já era um analista? Ou melhor, quando é que isso viria a acontecer?

Sobre essa atribuição tão específica do tornar-se psicanalista, Calligaris conta, nesse mesmo livro, que as coisas na École Freudienne de Paris eram aparentemente tão "fáceis" que acabavam se tornando extremamente difíceis: "O sistema parecia fácil demais, sem currículo para ser preenchido e sem entrevistas de seleção. Na realidade, era assustador, pois forçava cada um a encarar a responsabilidade de sua decisão sem um carimbo que o autorizasse".[1]

Autorizar-se psicanalista, pelo meu próprio desejo e pela responsabilidade que essa posição e função determinam, era então o grande desafio que

---

[1] CALLIGARIS, Contardo. *Cartas a um jovem terapeuta*: reflexões para psicoterapeutas, aspirantes e curiosos. São Paulo: Planeta, 2019.

eu teria pela frente. Eu já havia escutado, inúmeras vezes, que essa virada só poderia acontecer se fosse muito bem sustentada por três fatores: 1) o percurso da minha própria análise (a chamada análise didática); 2) um relativo domínio do conhecimento teórico; e 3) a supervisão clínica. Mas, para além do famoso tripé, estabelecido há mais de cem anos (desde 1920), há também algo fundamental nessa empreitada, que é o contínuo fazer. A práxis do analista que é analista porque analisa e porque é reconhecido por isso entre seus pares e analisandos. Simples e difícil assim.

Voltando uns bons anos, para 2004, me vem outra recordação marcante: a minha primeira prova de psicanálise na faculdade de psicologia, na qual, para minha surpresa, acabei tirando nota 10. Ótimo, mas o que aquilo queria dizer? Não muito, até porque a psicanálise nunca foi sobre acertar nas provas e tirar notas altas. Aquele foi um primeiro passo, ainda que muito pequeno, mas muito importante para mim. Na época, fui tomado por uma grande empolgação em explorar esse calabouço que começava a se abrir à minha frente. Um lugar fascinante, estranho e sombrio, povoado por temas pesados e desconfortáveis, que muitas vezes fizeram eu me sentir ainda mais solitário na minha própria existência. Era como se as coisas que eu pensava e sentia com relação à psicanálise não fossem bem aquelas que eu escutava e lia a respeito dela. E como não há exatamente um tira-teima, mesmo que a gente converse e troque muito a respeito, os momentos de desconforto na antessala da psicanálise pareceram sempre intransponíveis. Esse lugar da psicanálise foi se construindo aos poucos dentro de mim e me instigando a querer descobrir o que mais poderia sair lá de dentro quando eu abrisse completamente essa porta. A famosa mistura de medo com desejo. De curiosidade com uma certa aversão. Ou até repulsa. Ou tesão.

Se os primeiros passos foram movidos por um interesse enigmático, os seguintes foram marcados por muitas dúvidas e pela contínua sensação de que eu jamais iria entender ou aprender sobre psicanálise como eu gostaria ou achava que deveria. A linguagem e os conceitos sempre soaram herméticos demais. Difícil de ler. De escutar. De falar. Por que precisa ser tão complicado? Aos poucos, fui fazendo as pazes com o fato de que a psicanálise é difícil mesmo. Talvez porque a vida e as situações que a clínica nos apresenta também costumem ser. Mesmo assim, fui percebendo que é melhor lidar com as questões difíceis e instigantes do que com as chatas e medíocres.

O que fui também aos poucos descobrindo é que a minha reação de incômodo não era nada original. Freud chamou a atenção, diversas vezes, para a oposição natural que temos à psicanálise — por parte do analista, do analisando ou de qualquer pessoa que seja impactada pela sua teoria e pelo seu método. Nas *Conferências introdutórias à psicanálise*, argumenta-se o seguinte: "Toda a tendência de sua educação prévia e todos os seus hábitos de pensamento estão inevitavelmente propensos a fazer com que você naturalmente se oponha à psicanálise".[2]

Então, pronto: existe um bloqueio natural e esperado. O sujeito e as instituições sociais não querem ser lembrados daquilo que levamos muitas gerações para recalcar. Cabem aí os tabus, as censuras e tudo aquilo de que escolhemos não falar para ninguém, muito menos para nós mesmos. Talvez simplesmente porque não queremos correr o risco de nos expor e descobrir coisas com as quais não saberemos conscientemente como lidar. E exatamente porque não sabemos ainda o que pensamos e sentimos sobre tudo *isso*. O desconforto com a psicanálise então é justificável e compreensível, uma vez

---

[2] FREUD, Sigmund. *Conferências introdutórias à psicanálise (1916-1917)*. São Paulo: Companhia das Letras, 2014.

que é, em si próprio, uma denúncia do recalque — que não deixa de ser a principal operação psíquica do sujeito neurótico.

Já escutei autores e analistas correlacionando a entrada nos estudos da psicanálise com a própria noção de trauma, ou seja, uma situação limítrofe da qual o aparelho psíquico basicamente não consegue dar conta, não de um dia para o outro. Por isso mesmo, é tão incoerente e danoso tentarmos realizar essa imersão com foco na agilidade e na eficiência, como estamos acostumados a fazer com quase tudo na nossa vida. Miramos na totalidade, e a psicanálise entrega as faltas. Sonhamos com ganhos, e a psicanálise entrega perdas. Queremos avançar cada vez mais rápido, e a psicanálise se alonga e demora. Buscamos nos conhecer para tentar ter mais controle e domínio sobre a nossa vida, e a psicanálise derruba o aspecto conclusivo do autoconhecimento com uma premissa básica: o inconsciente não se esgota nem vai se esgotar. E vamos ter que sobreviver assim mesmo.

O DESCONHECIDO (LOGO DE CARA)

Foi em 1971, em uma aula no Hospital Sainte-Anne, em Paris, que Lacan lançou aos estudantes (e curiosos pelo tema) a seguinte questão: "Será que temos necessidade de demonstrar que há, na psicanálise, primeira e fundamentalmente, o saber?".[3] A provocação estava em linha com o seu célebre axioma "Sou onde não penso", que subverte a premissa racionalista de Descartes "Penso, logo existo". Essa inversão de palavras pode parecer um jogo linguístico difícil, mas não precisamos nos assustar com a complexidade do trocadilho, porque a moral da história é justamente esta: nunca vai dar para entender tudo logo de cara mesmo.

É exatamente no não saber que o jovem analista, o leigo, o entusiasta ou o "confuso" podem encontrar algum tipo de alívio. A psicanálise, à margem de todas as ciências, pode se constituir como um tipo de saber que não se estabelece prioritariamente a partir do domínio de um saber. Pelo menos existe então este consolo, bastante extraordinário nos ramos do conhecimento: há aqui um verdadeiro apreço pelo não saber. Isso é reconfortante e nos dá tempo (e talvez calma) para nos familiarizarmos aos poucos com esses rituais de iniciação com a psicanálise. Testemunhei a trajetória de muitos possíveis futuros

---

3 LACAN, Jacques. *Le savoir du psychanalyste* [Aula de 4 de novembro de 1971], Hospital Sainte-Anne, Paris.

psicanalistas que, apressados demais, desistiram em poucos dias ou meses. Ficavam ansiosos, incomodados, como se nada daquilo fizesse qualquer sentido com a sua vida ou com o mundo contemporâneo. São outros tempos mesmo... Será?

É a partir desse ponto do não saber que podemos aprofundar a definição do que é uma metapsicologia. Enquanto o psicológico é o observável das faculdades mentais e emocionais, o inconsciente é aquilo que se dá fora do observável, em outra cena. De lá, temos algumas notícias, mas não os fatos propriamente ditos. Sim, ficamos com mais perguntas do que respostas. E muitas hipóteses, suposições e apostas. Diante de verdades duras demais para encararmos, optamos pela névoa e pela cegueira — ou, como rima a diva dos analistas, Clarice Lispector, é sobre "ver e esquecer para não ser fulminado pelo intolerável saber".[4] O não saber é a premissa sob a qual a psicanálise se organiza, mesmo que estejamos diante da investigação de um grandioso objeto de estudo que representa o próprio saber: a mente humana.

Admitir a nossa própria ignorância com relação a qualquer tipo de assunto poderia ser um *modus*

---

4 LISPECTOR, Clarice. *Uma aprendizagem ou o livro dos prazeres*. Rio de Janeiro: Rocco, 1999.

operandi mais comum e frequente ao ser humano, mas sabemos que não é assim que costumamos funcionar. Ainda mais hoje em dia. Admitir a nossa ignorância é, a princípio, um convite um tanto custoso e aparentemente ingrato. Mas o custo é outro, não é bem aquele que a gente pensa que é. Isso porque raramente levamos em conta que há um preço que, mais cedo ou mais tarde, sempre pagamos por não admitir que existia um universo inteiro de coisas que desconhecíamos. Primeiro que — como dito pelo filósofo Epiteto — é impossível aprender uma coisa que a gente acha que já sabe. Segundo que quanto mais ignoramos o que não sabemos que não compreendemos, mais desconhecemos que existe um inconsciente que age sobre nós e mais vítima dele nos tornamos.

Funciona mais ou menos como o arquétipo do Diabo. Não é satanismo, é só uma metáfora, baseada no alerta feito pelo poeta francês Charles Baudelaire, que diz que "o truque mais esperto do Diabo é convencer-nos de que ele não existe". Então, bem pior do que desconhecer a verdade, é não reconhecer que a desconhecemos. Perceber forças internas que nos influenciam, nos dominam e nos aprisionam é um esforço necessário para não vivermos em completo autonegacionismo. É quebrar a ilusão iluminista reconfortante que promete ser possível sabermos exatamente tudo que somos e tudo que fazemos e entender os motivos pelos quais somos quem somos e fazemos o que fazemos. A psicanálise parece que vai responder a isso, mas não vai.

Esse paradigma de aceitação do não saber é vibrante e, no mínimo, desafiador a todos os movimentos que enalteceram a racionalidade humana em tempos precedentes ou posteriores a Freud do início do século 20. O conhecimento intelectual, hoje talvez mais do que jamais na história da humanidade, significa capacidade produtiva. É alavancado por novos modelos de economias criativas e está bem consolidado como uma estimada moeda tanto financeira quanto social. Estar "por fora" tornou-se o grande vexame de uma época marcada por tantas avalanches e epidemias de informação, com tantas necessidades urgentes e contínuas de atualização. Os *updates*. Os *trending topics*. A última das últimas. Como se a casca que reveste o nosso aparelho psíquico devesse estar sempre pronta (ou, ainda, atrasada) para o próximo *refresh* de dados.

Reconhecer que, em alguma medida, estamos sempre "por fora de nós mesmos" pode soar hoje ainda mais ultrajante e escandaloso. Por isso, propagandeamos e comercializamos tão bem a promessa do autoconhecimento como um conceito tão atraente às massas e que cola perfeitamente nos discursos vigentes de autoaprimoramento, autocuidado, faça você mesmo, *lifehacking* e tantos produtos e objetos culturais que pretendem empoderar o Eu. *O século do ego*,[5] clássico documentário de Adam Curtis, de 2002, parece bastante adequado a esse novo século de egos anabolizados. Mas, para a psicanálise mais radical ("radical" de raiz), a promessa de autoconhecimento é um buraco sem fim, sem fundo. Ou, mais que isso, uma falácia. O foco nesse tipo de abordagem, segundo alguns críticos, leva apenas a uma hiperestimulação da hiper-racionalização. E isso não é psicanálise, é psicologia do Ego.

Acredito que a promessa mais plausível com a qual poderíamos lidar em um tratamento analítico é a de que um analisando possa vir a descobrir como conviver melhor consigo mesmo, ainda que nunca venha a se autoconhecer integralmente. O equilíbrio psíquico implica, portanto, não apenas não se conhecer completamente, mas também atingir um certo ponto ideal entre aceitar e não aceitar essa condição. Isso porque tem algo sobre o que somos (e não sabemos que somos) e sobre o que queremos (e não sabemos que queremos)

---

5 O SÉCULO do ego. Direção de Adam Curtis. Reino Unido, 2002 (240 min). Disponível em: https://www.youtube.com/watch?v=-CNWeC-DNCcI. Acesso em: 10 out. 2022.

que é mais interessante justamente por não vir à superfície daquilo que pode ser mapeado pela consciência. Como diz Eduardo Giannetti, em *Trópicos utópicos*, "o que nunca fomos e, no entanto, arde em nós".[6] O que arde em nós é o que está perto do desejo e, por isso, mais perto do Sujeito (do inconsciente) do que do Eu (consciente). De nada adianta alimentar o Eu se deixamos o Sujeito desnutrido. Essa é uma ótima pista inicial de como podemos encarar esse movimento exploratório — a tal da grande "viagem da alma" que Lacan define como o processo analítico.

Ainda que Freud tenha atribuído uma parcela inconsciente ao Eu, este é, em essência, a tranquilidade de saber quem se é. Obviamente, não é um inimigo a ser destruído, como podem pregar algumas doutrinas transcendentais. O Eu é a única morada que teremos nesta vida e que, com sorte e dedicação, aprendemos a conhecer e cuidar. Mas não é porque não mudamos de casa que não podemos e devemos fazer algumas reformas. O apego ao Eu, inclusive aos seus sofrimentos, é uma questão clínica importante. Mesmo com tantas projeções astrais e outras experiências transpessoais disponíveis nos shoppings das

---

6 GIANNETTI, Eduardo. *Trópicos utópicos*. São Paulo: Companhia das Letras, 2016.

espiritualidades, ao fim do dia nós não saímos de nós mesmos. Ou, se saímos, voltamos. Nunca escapamos completamente do Eu. Ainda assim, para algum lugar, com o tempo, caminhamos. Então, o que nos cabe é descobrir como melhor acompanhar o nosso próprio Eu nessa marcha individual e um tanto solitária.

Se a psicanálise pretende legitimar que o inconsciente é mesmo um senhor todo-poderoso, tentar fixar o consciente no topo de um pedestal pode ser um artifício de empoderamento bastante problemático, porque, em algum momento, ele vai cair. E a queda é mais grave quando achamos que estamos lá em cima. Por outro lado, ninguém pretende se contentar em se enxergar como um mero objeto do seu inconsciente. A saída para esse impasse está em assumir responsabilidade enquanto Sujeito, com uma autonomia mais ou menos relativa sobre a própria vida. Essa é uma dinâmica complexa que não se resolve com uma equação simplificada de quem ganha ou quem perde. Afinal, o embate entre o que pode ou não se tornar consciente é, em última instância, o que constitui um extenso processo de análise.

A intenção de tentar ficar mais e mais consciente sempre foi um grande drama existencial do ser humano. Nietzsche refere-se à consciência como "a última fase da evolução do sistema orgânico, e por consequência é também aquilo que há de menos acabado e de menos forte neste sistema".[7] Em outras palavras, é como se o nosso maior avanço enquanto espécie fosse também nossa maior armadilha enquanto sujeitos. Dominar todo o espectro da consciência é como tentar pular a própria sombra. Até parece que dá, mas não dá. A consciência sempre foi e sempre será limitada, e vamos ter que suportar essa evidência da condição humana.

No fim, mas ainda no começo, voltamos para essa porta de entrada para a psicanálise. Podemos localizá-la em um saguão anterior ao cômodo principal. Um lugar onde é possível recepcionar o mistério do inconsciente e derrubar a segurança ilusória de que já sabemos (ou de que iremos saber) tudo sobre nós mesmos, sobre o outro, sobre o ser humano. Vamos ter que despachar essa bagagem aqui. O não saber em questão se faz mais relevante e interessante justamente por nos entregar os vestígios para a fantasia. Quando não sabemos, fantasiamos; e, se existe uma clínica da fantasia, é essa.

A fantasia será então mais importante para nós, inclusive aquelas que criamos sobre a própria

---

[7] NIETZSCHE, Friedrich. *A gaia ciência*. Tradução de Paulo César de Souza. São Paulo: Companhia das Letras, 2012 [Edição de bolso].

psicanálise, descoberta com o sonhar, o fazer e o falar, e jamais podemos perdê-la de vista em nossa vida e em nossa clínica. É o que acontece quando um analista, por exemplo, perde um pouco do prumo e responde diretamente a uma pergunta objetiva do seu analisando. Quando faz isso, por melhor que seja a sua intenção, ele reduz e compromete a capacidade de fantasiar do paciente, por isso trabalhar com base na demanda deste é tão prejudicial. A falta é generalizada. É para todos, e não vamos suprir a de ninguém, mesmo que nos peçam e nos paguem muito por isso. O preço do analista é lidar com o não saber e trabalhar literalmente com essa angústia. Mas há um segredo que nos conforta nessa história: desde o início, o analista sabe que o analisando já sabe muita coisa. Ele só não sabe que sabe.

CONCEITOS EM SUSPENSÃO

Foi em sessão com uma antiga terapeuta junguiana que escutei pela primeira vez o termo mentaloide. Essa palavra, como era de se esperar, ficou povoando a minha mente para sempre, o que é bastante irônico. Até hoje não sei o que ela quis dizer com esse neologismo, mas, em minhas deduções, surgem duas hipóteses: 1) mentaloide seria um sujeito marcado por um excesso de produção e articulação mental, o que acabaria prejudicando-o de alguma forma, fazendo-o deficitário em outros aspectos da vida que estão para além da racionalidade; ou 2) mentaloide seria um sujeito que faz uso desmedido das faculdades mentais para colocar isso sempre à frente de todo o resto, de maneira, principalmente, a expor e exibir esses dotes mentais para o mundo (levando em conta que o sufixo grego -*oide* diz respeito à imagem e à aparência).

De qualquer forma, faz bastante sentido que o tal sujeito mentaloide possa ser visto como uma espécie de nêmesis de todo e qualquer analista, analisando ou estudante de psicanálise. É o nosso grande rival. A nossa sombra. O mentaloide é um indivíduo que tem uma poderosa força mental que, usada às avessas, transforma o suposto "super-herói" em um grande vilão do processo de análise ou da transmissão do conhecimento psicanalítico. Sabemos quão comum é encontra analistas que parecem profundamente tomados por uma certa embriaguez do saber (que não deveria deixar de ser um suposto saber), mas que, arrebatados por uma distração egoica irresistível, encontram aí um lugar favorito de gozo. Um lugar onde, de alguma forma, os outros costumam nos colocar, enquanto analistas que somos, e onde, de outra, nós mesmos nos colocamos, mas que exige um certo discernimento sobre como e quando ocupá-lo e desocupá-lo. Sabemos como é nocivo e ilegítimo sair fazendo análises a torto e a direito de pessoas ou situações não contidas em um *setting* analítico, uma transferência e uma demanda de análise. Mas, sim, devemos admitir que, às vezes, fazemos isso. "Informalmente." Até porque todo mundo faz isso, às vezes, desse modo. Mas não é porque todo mundo faz que o analista também deveria fazer. Disso o analista vai precisar abrir mão.

Não raro, o analista — ou nem precisa ser analista — faz uso da psicanálise para soltar frases de impacto, sínteses contundentes com palavras difíceis ou abstratas, que têm a intenção principalmente de impressionar ou até de confundir o seu interlocutor. Nesse sentido, a psicanálise parece ensaiar uma infeliz sintonia com o fenômeno contemporâneo da lacração, que, enquanto última palavra, final e fatal, tenta posicionar aquele que enuncia como o dono irrevogável da razão. Mas, como já sabemos, nunca foi sobre isso. Ainda assim, muitos de nós analistas seguimos agindo dessa forma em algumas conversas e rodas de discussão um tanto cansativas, intermináveis, pretensiosas. Uma masturbação intelectual coletiva bem pouco prazerosa.

Eu me questiono se existe um limiar adequado entre exercer um certo domínio sobre o conteúdo teórico da psicanálise e, ao mesmo tempo, reconhecer que todos os significantes, inclusive os próprios termos psicanalíticos, estão sujeitos a uma determinada fluidez em seus sentidos. E que sem a contrapartida da escuta e da troca, no fazer e no falar sobre psicanálise, não será possível nenhuma transformação subjetiva, nenhuma evolução teórica, e não chegaremos a nenhum lugar novo. Eu nunca pretendi começar essa jornada, como analista ou analisando, para terminar exatamente no mesmo lugar. Muito menos para fazer um mero regresso ao século passado, entoando termos e versículos, decorados como orações, que repetimos à exaustão sem qualquer contextualização e sentido com nossa realidade do presente e nossas perspectivas de futuro.

Desde os meus primeiros contatos com a psicanálise, eu ouço a respeito da importância de deixarmos os conceitos psicanalíticos em suspensão. Isso é interessante, mas com certeza não é o que fazemos na prática. Pelo menos não o tempo todo. Até porque isso se torna inviável na hora de colocarmos a mão na massa — na clínica, nas aulas, nas supervisões, na hora de transmitir ou receber qualquer fundamentação teórica. O confinamento das definições é necessário, mas deve ser feito com bastante cuidado. Freud elaborou essa questão da seguinte forma:

> Ouvimos com frequência a afirmação de que as ciências devem ser estruturadas em conceitos básicos claros e bem definidos. De fato, nenhuma ciência, nem mesmo a mais exata, começa com tais definições. [As] ideias [...] devem, de início, possuir necessariamente certo grau de indefinição.[8]

O psiquiatra austríaco defende que todo conhecimento teórico pode e deve ser alterado/revisitado no futuro, e provavelmente o será. Ou seja, uma das grandes genialidades do fundador da psicanálise foi encontrar um balanço entre a firmeza de propor um olhar novo e a flexibilidade de reconhecer os próprios estágios de maturação desse olhar.

Enquanto analista e sujeito que se propõe a pensar e falar abertamente sobre psicanálise, ainda me sinto desafiado a tentar assimilar ao máximo tudo aquilo que escuto, leio e estudo. Mas não dá. E *tudo* é sempre muita coisa. Tento continuamente resolver as lacunas que se abrem a cada novo texto, nova aula, novo encontro, novo professor, novo supervisor,

---

8 FREUD, Sigmund. *As pulsões e seus destinos*, 1915.

novo colega ou analisando (sim, a teoria também se faz, desfaz e refaz na clínica). Mas, de novo, não dá. Encontramos sempre uma boa medida de *impossível*, que é contemplar e absorver uma noção total e absoluta de Pulsão, ou Inconsciente, ou Neurose, ou tantos termos que poderiam ser simples se não revelassem camadas tão complexas de potência e sentido. E mais: os tempos mudam, a cultura muda, e muito da psicanálise muda também. Ou deveria mudar. Chegaremos lá.

Aos poucos, creio que fui me conformando com o fato de que a psicanálise surgiu do mistério e que, a respeito dele, podemos fazer reflexões, contornos e aproximações, mas jamais desvendá-lo integralmente. Não é fácil abrir mão desse ideal do psicanalista que tenta ficar em primeiro lugar, que gabarita o exame (inexistente) e que lê e absorve todos os livros, teses, artigos e postagens já escritos na história da psicanálise. Não vai funcionar desse jeito. O poder imaginário de autoridade que vem vinculado à compreensão da teoria psicanalítica parece muito sedutor, mas existe, sim, muita imprecisão, contradição e, sem dúvida, muita subjetividade em jogo. É como se a psicanálise fosse, ela própria, uma analogia para a mente humana: imprecisa, contraditória, aberta à subjetividade e muitas camadas de interpretação.

Preservar essa relativa abertura dos conceitos e das definições teóricas é um grande desafio se considerarmos também que a nossa tendência natural, ou pelo menos da nossa cultura neoliberal, é a de querer não apenas aprender sobre um determinado campo de estudo, mas também *apreendê-lo*, no melhor sentido de "capturá-lo". Ou seja, é também sobre apropriação. É também sobre fazer uso, tirar proveitos e benefícios. Tirar dinheiro e status disso também. Sim, por que não? O problema é que, quando o estudante em formação ou o futuro profissional escolhe, logo de partida, entrar por essa via e sustenta uma predominância desse tipo de abordagem ao longo do seu percurso, é bem possível que algum tropeço venha a acontecer na sua trajetória. Testemunhei algumas histórias assim, de frustração, desistência, verdadeiro ódio da psicanálise. Por essas e outras é tão recomendado, inclusive, não depender da clínica psicanalítica como uma única e exclusiva forma de sustento financeiro, principalmente quando estamos dando os nossos primeiros passos. O maior risco é performarmos uma clínica que simplesmente não está acontecendo, pois não queremos (nem podemos) "perder o cliente". A enganação acaba sendo de ambas as partes, mas é o analista o principal responsável por investigar o que está sustentando ou obstruindo aquela análise. A resistência é prioritariamente do analista, e, se a sua estabilidade financeira estiver dependendo disso, possivelmente ele vai resistir ainda mais.

Vale lembrar também, para quem ainda teima em aceitar, que a psicanálise não é — e possivelmente nunca se tornará — um curso de graduação. Seu ensino e sua transmissão não se encaixam nos moldes acadêmicos, pois é uma prática leiga e laica que não deve ser vinculada ao Estado ou à religião. Não existe isso de diploma ou carteirinha de habilitação, ainda que existam muitos desses circulando por aí. O vídeo do YouTube *Faculdade em psicanálise?*, no canal Falando nIsso, do professor e psicanalista Christian Dunker,[9] faz os melhores esclarecimentos sobre o tema. Ele explica que a psicanálise é uma experiência ética, e não jurídica ou moral, e que a sua corporativização como profissão seria, sem dúvida, um grande equívoco. A formação do analista tem um sentido muito mais amplo do que um curso de habilitação determinado por um escopo de matérias e número de horas a serem cumpridas. É atravessada pela transferência

---

9 DUNKER, Christian. *Faculdade de psicanálise? | Christian Dunker | Falando nIsso 335*. YouTube, 2021. Disponível em: https://www.youtube.com/watch?v=R_gfQHxr838. Acesso em: 10 out. 2022.

com outros analistas e pela sua análise pessoal. Como seria possível obrigar um aluno a "entrar em análise", já que esta só se dá com o desejo do analisando, e não com uma exigência de grade curricular? São trajetos diferentes.

Se, de um lado, existe a nossa insistência em fechar, definir e preencher, a psicanálise nos convida a experimentar o contrário de tudo isso. Nesse puxa e solta, nesse vaivém, o desejo por contornar os segredos da psicanálise pode sair bastante prejudicado, reprimido por um Supereu que nos constrange a ter tudo sob controle. Uma vez escutei do analista Henrique Mandelbaum a seguinte observação: "Freud tinha a dignidade de deixar-se ser levado pela teoria em vez de levar a teoria consigo". Essa imagem parece que ajuda a afrouxar um pouco o nó, porque nos prescreve sensatez e um certo grau de leveza, ainda que essa leveza deixe muitas coisas no ar, inclusive a nossa angústia. O que é ótimo, porque é com ela mesmo que a gente trabalha.

Se o convívio com a falta é a própria condição humana defendida pela psicanálise, defrontar-se com ela é um exercício contínuo de ter que lidar com as limitações de conhecimento e de exercício de poder. Algo sempre falta e tudo sempre depende, e isso é penoso, mas ao mesmo tempo libertador.

O desamparo constitutivo, para os mais otimistas, também pode ser um grande mar de potencialidades. A sensação para o Eu consciente é de que algo sempre se perde. Ironicamente, o axioma psicanalítico defende justamente o contrário: no campo psíquico, nada se perde. Está tudo lá, então não precisamos surtar tanto.

Outra coisa bastante óbvia que acabei descobrindo é que existe algo que não é antecipável no processo de formação: a experiência. Acredito que boa parte dos aspectos teóricos da psicanálise ocupa uma posição não apenas teórica, mas também um lugar especial entre a dedução e a vivência; e que é apenas de maneira empírica, ou seja, por meio de experiências vividas ou cuidadosamente observadas/escutadas, que a teoria pode, em parte, se manifestar, ganhar vida e fazer um pouco mais de sentido. Ou seja, um analista não precisa ser psicótico para tratar um psicótico, mas alguma coisa da psicose em sua própria vida, em sua própria análise, vai precisar ganhar algum corpo. Só assim é possível ir além de tudo que pode ser lido e relido nos livros que teorizam sobre a psicose.

Por mais mental que pareça ser, tanto para analista quanto para analisando, a análise requer uma suspensão intelectual. Uma sessão de análise não é uma aula em que pagamos para consumir conhecimento e aprender citações de Freud. É a clássica diferença entre uma sessão de análise hiperintelectualizada, em que o analisando sai dizendo "entendi tudo, mas não mudou nada", e uma sessão de análise confusa e não linear, em que termina pensando "não entendi nada, mas parece que mudou tudo". Não raro, escutamos a psicanalista Maria Rita Kehl referindo-se à psicanálise como uma travessia individual que "não é nenhum passeio". É mesmo uma longa passagem, pela qual cada um vai caminhar do jeito, no tempo e até onde der. E quanto à nossa aspiração pela apreensão da psicanálise, por ora, já que o sujeito só se constitui na falta, melhor que permaneça o desejo.

FORMAÇÃO DO SUJEITO, ANALISTA EM FORMAÇÃO

"A formação do analista começa no divã" ou "A análise de um analisando vai só até onde foi a análise do seu analista" estão entre as inúmeras frases que escutamos no percurso permanente de formação. Às vezes, parecem ditados cuja origem ninguém mais sabe, como um meme que compartilhamos sem saber também muito bem o que significa. Mas é por meio dessa repetição que também vamos reconhecendo e atribuindo novas camadas de sentido a esses enunciados. É como ler um parágrafo de Lacan pela terceira vez: uma hora, alguma coisa entra.

A meu ver, uma reflexão a respeito do processo de formação do analista passa invariavelmente pela reflexão a respeito do processo de formação de todo e qualquer sujeito, mas sobretudo, e em primeiro lugar, do próprio indivíduo que pretende tornar-se analista. Essa arqueologia a respeito da formação do sujeito, pela qual a psicanálise tanto se interessa, é uma ferramenta da qual o próprio futuro analista deve fazer uso em sua análise e em sua pesquisa sobre o seu desejo de tornar-se analista. Em outras palavras, para encontrar uma via de acesso para tornar-se analista, é preciso investigar aquela pela qual nos tornamos um sujeito que deseja ser analista. E como fazemos isso?

Quando recebemos alguém no consultório, nos debruçamos sobre a sua "fala livre" e sobre muitas das suas questões na atualidade, ou seja, o que aconteceu na semana passada e o que esse sujeito pretende (deseja?) fazer amanhã ou no ano que vem. Mas também prestamos uma atenção bem especial às suas histórias remotas, à sua história antiga, íntima e singular, e, acima de tudo, tentamos enxergar como o seu passado organiza o seu presente. Queremos saber como se deu a formação *desse sujeito* que hoje se apresenta à nossa frente *dessa forma*. Para isso, recorremos a inúmeras bases teóricas que nos ajudam a remontar algumas dessas cenas e a fazer especulações sobre as dinâmicas libidinais presentes ou ausentes nos diferentes estágios da sua vida, desde o seu nascimento, e que, como era de se esperar, se dão lá no começo, nos desafios da função parental dos seus cuidadores.

Nem tudo, mas muita coisa, vai vir lá daquele início. O início de tudo. Na tentativa, por exemplo, da árdua função materna que lutou para encontrar um equilíbrio ideal entre a negligência e o sufocamento, no cuidado "suficientemente bom" de Winnicott.[10] Ou no reconhecimento parental que tenha sido condizente com a formação imagética do Eu infantil, realizado (ou não realizado) na metáfora do espelho de Lacan.[11] Ou na forma como todos os envolvidos lidaram com a intensidade e a ambivalência dos sentimentos vinculados às noções de seio bom e seio mau de Melanie Klein.[12] São muitos os roteiristas nesse

---

10 WINNICOTT, Donald. *A criança e seu mundo*. Rio de Janeiro: Zahar, 1964.
11 LACAN, Jacques. *Escritos* [O estádio do espelho]. Rio de Janeiro: Zahar, 1998.
12 KLEIN, Melanie. *Inveja e Gratidão e outros trabalhos*. Rio de Janeiro: Imago, 1991.

reality show, e há inúmeras formas de retratarmos, editarmos e interpretarmos a nossa biografia. Mais do que fatos, procuramos histórias, baseadas em perguntas simples: onde, quando e por que você nasceu? Sob os cuidados de quem? Como foram os primeiros dias na escola? E os últimos? Como era a relação com os amigos na infância? E as primeiras paixões? E os trabalhos que realizou ou deixou de realizar? Quais desejos ficaram para trás? Ou será que ainda estão aí? A neurose adulta é sempre uma atualização da neurose infantil.

A base fundamental da psicanálise, ou seja, a base freudiana, sustenta a ideia de que os estágios iniciais do desenvolvimento do Eu são, como sabemos, de origem sexual e têm papéis estruturantes da personalidade. Mas o que será que faz parte de uma espécie de matriz irredutível e o que continua em desenvolvimento na vida adulta? Um dos grandes mistérios da aposta analítica é descobrir o nível de elasticidade que ainda existe no impacto que a formação infantil tem em determinar quem somos ou não somos (ou podemos vir a ser). Ou seja, até que ponto a formação do sujeito se dá em um processo contínuo até o fim de sua vida? Até que ponto é possível mudar? Mudar para onde? Em qual direção? A análise pode estender e ampliar o processo de formação? Entrar em análise é sobre encontrar uma nova posição subjetiva perante o mundo, e isso, sem dúvida, vai nos dar algum trabalho. Vai dar medo. Preguiça. Gerar custo. Exigir disciplina, coragem, paciência (ser *paciente*, né?). E, no fim, tudo isso nem sequer garante que a gente vai realmente "se encontrar". Mas uma coisa é certa: pelo menos sabemos que já não estaremos mais no mesmo lugar.

É possível atribuirmos algo semelhante ao processo de formação em psicanálise, à mudança de posição que precisamos realizar perante a própria psicanálise, considerando um sujeito que se propõe a fazer esta dupla jornada: ocupar não só o lugar de analisando, mas também o de analista desejante de formação. A formação continuada não apenas do sujeito como também do sujeito analista.

E assim andamos, e assim eu andei e ando em direção à formação, recorrendo evidentemente aos mais variados recursos de informação. Ciclos de estudos. Supervisão em grupo. Supervisão individual. Intervisão. Palestras aleatórias. Cursos breves. Um curso longo e chato. Módulos de leitura. Módulos de transmissão. Livros devorados. Livros abandonados na página 52. Workshop de colagem da faixa de Möbius. Psicanalistas midiáticos. Seguindo, ampliando a pesquisa. Trocando de analista. Aumentando a frequência de sessões. Tomando nota das sessões. Nota dos sonhos. Contando minhas sessões aos colegas analistas. Podcasts. Filmes. Estágios de atendimento em clínicas psiquiátricas. Saindo do divã. Voltando para o divã. Grupos de WhatsApp. Tecnologias de subjetivação. Um diário. Um caderno. Conversas no espelho. Entrevistas em profundidade, nos dois lados da poltrona. Conteúdo para as redes sociais. Interlocuções em lives, eventos, programas de TV, artigos. Quem sabe escrever um livro?

Assim minha pesquisa caminhou e caminha nos intervalos entre escutas e falas, tanto na clínica como nos estudos teóricos, tanto na análise como nos desdobramentos da minha própria vida. E também no que posso chamar aqui de uma psicanálise que permanece continuamente estranha, como sempre foi, desde o seu surgimento. Esquisita, mas familiar. Interessante e inquietante, como o *Das Unheimliche* [O Infamiliar] freudiano.[13] Isso tudo pode parecer ainda bastante instável, intimidante, impossível de firmar em um lugar definitivo, mas nem por isso precisa nos paralisar, justamente por esse limiar de subjetividade ser tão fascinante. Tudo depende. Tudo nem sempre. O não todo.

---

13 FREUD, Sigmund. *O infamiliar [Das Unheimliche]*. Belo Horizonte: Autêntica, 2019.

Mas, se o inconsciente é, em si, esse grande inatingível, o que é então alcançável e com o que podemos trabalhar? Após abrir a porta e arriscar os primeiros passos desse percurso sem mapa, tomamos consciência de que não temos consciência de tudo sobre nós mesmos e de que existe então esse inconsciente. Mas onde ele está e como se manifesta? E como podemos pensar essas manifestações em um contexto cotidiano e contemporâneo? Vivido não só nas teses e conceitos, mas também no âmago de cada sujeito, no social e na cultura. Eu queria saber quais seriam as histórias, os exemplos, os comportamentos que me fariam aterrar um pouco da teoria psicanalítica para poder reconhecê-la no mundo, na vida e nos casos aos quais eu começava a me dedicar. Era hora de poder praticá-la na minha identificação como, então, um analista. E trazer essa entidade inconsciente mais para perto, mais para dentro, mesmo que ela já estivesse aqui, entre nós, desde sempre.

NOTÍCIAS
DO ICS

Existe uma única autoridade em um consultório de psicanálise. Não é o analista nem o analisando, mas o sujeito do inconsciente, que é atravessado pelo incognoscível, o que é impossível de ser conhecido. O inconsciente atua como se o nosso cérebro seguisse pensando sem a gente saber que estamos fazendo isso. Você gostaria de saber o que está pensando, mas não sabe que está pensando? E o que está sentindo, mas ainda não sabe que está sentindo? Ou será que é melhor deixarmos pra *lá*? Afinal, deve estar *lá*, e não *aqui*, por algum motivo.

Mas a questão não é essa, porque não é que *isso* esteja apenas *lá*. Transborda pra *cá* também, quer a gente queira, quer não. Com sorte, e uma boa dose de sensibilidade, o bom senso não vai nos permitir negligenciar o recalque na sua completude, não por muito tempo. Como diz Betty Milan, autora brasileira que foi analisanda e tradutora de Lacan, "Quando a porta está fechada, o inconsciente sai pela janela".[1] A partir do nosso próprio desejo e de um bom treinamento, podemos ter algum tipo de acesso às *Notícias do ICS*. Viemos a conhecê-lo (o que em si já é uma contradição) não de forma direta, mas por meio de suas formações e derivados. Não temos contato com os dados inteiros nem com a ficha completa, mas com os seus rastros, vestígios. Pequenas amostras. É o que Freud chama de formação de compromisso, um acordo entre forças contrárias que lutam entre si e que mantêm, em nosso psiquismo, alguma questão mal resolvida, paradoxal, complexa, complexada, e que uma hora acaba sempre transbordando.

À medida que fui desempacotando alguns desses recebidos do inconsciente, para minha surpresa, descobri em mim mesmo uma ótima predisposição para ter o meu narcisismo esburacado e as minhas certezas questionadas. Pode parecer um substrato um tanto difícil de engolir, mas, além de não ser

---

[1] MILAN, Betty. *Lacan ainda:* testemunho de uma análise. São Paulo: Zahar, 2021.

tão ruim assim, ainda promove um efeito gostoso depois. As evidências do inconsciente foram se revelando para mim como a prova viva de que a nossa razão individual não é o centro do universo, e isso é um grande alívio, afinal, não somos seres puramente racionais. Somos tanto seres do saber quanto do desejo. E também não somos seres individuais indivisíveis, e sim sujeitos cindidos e permeáveis.

Foi com esse preâmbulo que, na antessala do consultório, eu me abri para começar a ler as notícias que fui encontrando nos diferentes cadernos da publicação chamada inconsciente: os atos falhos, os sintomas, os sonhos e os chistes.

NÃO EXISTE ATO FALHO

O ato falho é uma das coisas que mais me aproximaram (e também mais me afastaram) da ideia de estudar psicanálise e talvez me tornar um psicanalista. Uma coisa que aprendemos logo cedo nas rodas de psicanálise é que dá para afirmar que "não existe ato falho", porque este seria, na verdade, um ato bem-sucedido do nosso inconsciente. Esse postulado, em si, já me deixou bastante aflito em outros tempos, porque, além de dar um nó na nossa cabeça, dá a impressão de que é um conceito que existe para defender que ele não existe.

A noção de ato falho surge em 1901, na obra freudiana *A psicopatologia da vida cotidiana*,[2] um de seus escritos mais acessíveis a qualquer perfil de leitor, pois trata justamente de relatos cotidianos e de exemplos triviais da sua clínica. Freud estava bastante atento a manifestações psíquicas de seus pacientes que poderiam passar despercebidas por outros colegas neurologistas: o esquecimento temporário e a troca de palavras e nomes familiares; as perdas e colocações erradas de objetos; os danos causados a si (ou a outros), aparentemente acidentais; gestos e movimentos habituais efetuados aparentemente sem intenção, "de brincadeira"; melodias murmuradas sem pensar, entre outros exemplos. Freud articula a sua teoria a partir da ideia de que essas são formas pelas quais o conteúdo recalcado encontra um caminho para se manifestar. Ou seja, são as expressões de intenções reprimidas de um sujeito que deseja e deseja não desejar ao mesmo tempo.

Para a psicanálise, podemos considerar, portanto, que nunca se comete um erro à toa. Existe sempre

---

2 FREUD, Sigmund. *A psicopatologia da vida cotidiana e Sobre os sonhos (1901)*. São Paulo: Companhia das Letras, 2021.

um significado oculto por trás, um motivo inconsciente em nossos lapsos, quando fazemos ou dizemos algo "por engano". Nesse sentido, o erro pode ser uma grande oportunidade para percebermos algo que, até agora, não entendíamos direito sobre nós mesmos. Em vez de ignorar, se culpar ou se envergonhar por um ato falho, podemos nos interessar pelo que aconteceu. E assim, quem sabe, aprender também a não ficar repetindo os mesmos equívocos inúmeras vezes.

Essa é uma premissa básica e muito instigante da psicanálise, mas que nem todo mundo está aberto a aceitar. Até porque ela mexe com a nossa ilusão de autocontrole e desafia alguns princípios científicos mais contemporâneos das teorias cognitivas e comportamentais. Além disso, no meio psicanalítico, é comum presenciarmos uma certa fetichização do ato falho. E isso, confesso, com o tempo, começou a me dar um pouco de bode. Como que a gente passou de "não existe ato falho" para "tudo é um ato falho"?

Uma cena clássica para ilustrar: um palestrante psicanalista se atrapalha e confunde um microfone com uma garrafa de água. Tenta falar na garrafa ou beber no microfone e, de pronto, evoca a entidade Ato Falho para lidar com o embaraço e descontrair o clima. A plateia de analistas cai na gargalhada. É capaz de você, inclusive, ouvir alguém comentando com o colega que o microfone e a garrafa são objetos que lembram o formato de um órgão genital masculino. Pois é, não há limites para a imaginação. Mas, às vezes, o cachimbo não é só um cachimbo?

Sempre tive muita preguiça da psicologização e psicanalização de tudo, a qualquer hora e em qualquer contexto. O que você está pensando (mas não sabe que está pensando) ou está sentindo (mas não sabe que está sentindo) pode, sim, se manifestar em um "erro". Mas isso quer dizer que todo "erro" é causado por uma ideia ou afeto inconsciente? Se todo ato falho não é exatamente um ato falho em si, acho no mínimo justo considerarmos também que nem todo ato falho é sempre um ato falho.

A questão fica ainda mais crítica quando esse modo de pensar, que defende que "nada é por acaso", torna-se imprescindível e totalitário nas nossas cabeças. Aí me parece que entramos em um terreno não apenas exaustivo e pretensioso, mas também perigoso. Não cometemos erros à toa, mas às vezes estamos e precisamos estar à toa. Diria que na maior parte do tempo. Nem tudo deveria passar pelo escrutínio da análise, mas, como o ato falho é a notícia do inconsciente que aparentemente mais transborda para além do *setting* analítico (e para um entendimento da teoria no seu senso comum), é também onde me parece que mais tendemos a praticar a psicanálise selvagem. Fazer conjecturas a respeito de si e do outro, com relação a motivações inconscientes, pode ser intrigante, revelador, mas também precisamos lidar com o fato de que não vamos conseguir descobrir o sentido e o motivo de tudo o tempo todo. Sem falar que, dependendo da configuração social e interpessoal em que nos encontramos, tentar apontar ou analisar o ato falho de alguém pode ser não apenas antiético e desrespeitoso, mas também provavelmente vai fazer a pessoa querer negar ainda mais aquilo que ela já está refutando por conta própria.

Interpretações simplistas e não autorizadas de atos falhos é o que mais vemos por aí, e, no meu ponto de vista, isso deturpa bastante a proposta original de Freud. O mais importante e surpreendente do ato falho é lembrar que podemos, sim, ser traídos pelos nossos próprios atos e que há aí uma mensagem do inconsciente, latente e oculta. Mas ela precisa ser devolvida e recebida de volta pelo sujeito de modo que ele esteja aberto o bastante para reconhecer o seu sentido e fazer alguma coisa com isso. Não é uma disputa sobre quem sabe e quem não sabe, quem viu e quem não viu, quem está certo e quem está errado. Também não significa que, uma vez que imaginariamente acreditamos dominar a arte de detectar e interpretar atos falhos, estaremos imunes a cometer qualquer equívoco.

A verdade mesmo é que o ser falante está fadado ao erro, porque a fala está subordinada ao deslize. A tarefa do analista é tentar ouvir o que não é *falado bem* e sinalizar isso ao analisando. Mas, para que isso aconteça, algumas etapas já devem ter sido vivenciadas nessa parceria, inclusive a criação de um vínculo de muita confiança. O analista vive da possibilidade de o analisante tropeçar, mas esse deslize nunca é uma gafe. Não é sobre o vexame de ser pego de calças curtas, não tem nada a ver com isso. Talvez possamos deixar essa parcela de gozo com o que seria uma espécie de "denúncia do ato falho" para os histéricos.

O que fica para mim do ato falho, e que me ajuda a regular melhor a dosagem nas interpretações, é que devemos sustentar algum espaço para o aleatório do Real. Há um campo inalcançável e não simbolizável, não importa quantos anos de prática clínica ou análise pessoal a gente tenha feito. Nem sempre é sobre a impotência do analista, no sentido de "se eu ficar ainda mais atento e investigar tudo com muito rigor, vou descobrir aqui um grande segredo". É também sobre impossibilidade.

Mesmo em análise, muitos atos falhos vão ficar sem decifração, tanto para analisando como para analista. E tudo bem. Isso não significa que temos que espremer as nossas mentes, a qualquer custo, para tentar descobrir em tudo um sentido oculto muito importante e profundo. Isso pode gerar mais desentendimento e resistência do que revelação e transformação. A devoção à psicanálise não deveria ficar acima da relação transferencial. Cá entre nós, isso poderia muito bem ser a manifestação sintomática de uma neurose obsessiva, em que nos vemos obrigados a produzir sentido incessantemente para tudo. E, falando em sintomas, podemos seguir para o próximo tópico.

MEU SINTOMA FAVORITO

À medida que fui investindo nos estudos e avançando na minha análise, comecei, como tantos de nós, a ficar mais atento ao que seriam os tais sintomas neuróticos. De início, eram duas perguntas que mais me importunavam: 1) o que é um sintoma neurótico?; e, principalmente, 2) quais seriam os meus? Depois vieram outras perguntas, tão ou mais complicadas e que ainda estou longe de saber responder, mas a maior é com certeza: 3) uma vez identificado, o que fazer com um sintoma neurótico?

Mas, pegando do começo, a primeira coisa que aprendi sobre esse assunto é que não dá para dizermos que o sintoma neurótico é de natureza psicossomática. E isso é uma coisa que se costuma repetir bastante. Só que "psicossomático" é uma expressão oriunda do campo da medicina. Para a psicanálise, não existe corpo sem psiquismo, nem psiquismo sem corpo. Ou seja, psicossomático seria um termo absolutamente redundante em si mesmo. O sintoma neurótico se localiza em um encontro heterogêneo entre mente e corpo e desemboca em um lugar difícil de definir, pois está tanto em nossos comportamentos como em nossos pensamentos e sentimentos.

Gosto de pensar que seria muito conveniente se existisse um cardápio de sintomas em que a gente pudesse dar uma olhada descompromissada para ver com quais a gente se identifica mais. O "aluno de psicanálise" adora fazer esse pedido para o "professor de psicanálise". Mas, diferentemente dos sintomas apresentados no DSM (Manual Diagnóstico e Estatístico de Transtornos Mentais — a bíblia da psiquiatria), o sintoma no campo da neurose é costurado por um enredo bem mais etéreo. É marcado por vivências e narrativas singulares, e não por padrões estatísticos mensuráveis. É uma criação específica daquele sujeito, naquela história de vida, e que, ao ser revivida e simbolizada no tempo atual, revela os impasses daquele sujeito ante o seu desejo: inconsciente, proibido e barrado. O sintoma é a anunciação do grande e temido retorno do recalcado — que nunca foi embora.

A contradição proposta por Freud, que quebra a banca, é a de que o sintoma pode trazer sofrimento para o consciente, mas satisfação para o inconsciente.[3] De um lado, há uma força que pretende realizar uma pulsão. Do outro, uma outra que não permite que isso aconteça. É para esse conflito de forças em nosso psiquismo que o comportamento sintomático tenta encontrar alguma resolução. E até encontra, e isso nos é bastante útil para seguirmos vivendo nossa vida.

O sintoma vai produzir no sujeito tanto o que ele tem de pior como também o que ele tem de melhor. É a sua intensidade que vai posicioná-lo em algum espectro mais ou menos grave de adequação ou inadequação social, bem como de sofrimento. É a diferença, por exemplo, entre um colecionador dedicado e um acumulador atormentado. Ou entre um sujeito prevenido e cauteloso e alguém que sofre de delírios paranoicos ou transtorno obsessivo-compulsivo. Os sintomas também respondem às características do

---

3 FREUD, Sigmund. *O inconsciente*, 1915.

nosso tempo, e creio que, pensando coletivamente, estes têm sido tempos difíceis para todo mundo, e todo mundo reagiu, se armou e se defendeu do jeito que pôde. Isso nos fez acentuar muitos dos nossos sintomas, feridas que estavam escondidas ou bem-adaptadas, mas que agora estão em carne viva, gritando por atenção e cuidado.

A associação com o sintoma, para mim, sempre veio pela palavra. Sintoma enquanto algo que eu *sinto*, mas que *sinto* apenas um pedaço, não o todo, no sentido de que ele esconde alguma outra coisa, maior e anterior, que acreditamos ser a origem do sintoma. A hipótese mais simples que se pode formular (e não é que esteja errada) é de que essa origem, uma vez diagnosticada e tratada, pode fazer interromper o sintoma e, com isso, o sofrimento, em uma relação direta e linear de causa e efeito. Pelo menos é assim que a medicina geralmente trabalha em suas manobras de tratamento e cura. O problema é que, nessa *não visão de mundo* chamada psicanálise, nada é tão redondo e preto e branco como na ciência — o que, vamos combinar, ajuda a justificar o alto grau de suspeita e desconfiança que muitos de nós temos com essa não ciência.

Para a psicanálise, o centro da questão sintomática não está (apenas) na ocorrência, por exemplo, de um episódio traumático que pode ter estrangulado um afeto e provocado a ocorrência do sintoma. Ou então em um aspecto crítico e prejudicial que se deu na formação daquele sujeito, como vimos no capítulo anterior, e que o deixou mais assim ou mais assado. O buraco vai ser sempre mais embaixo, porque a origem do sintoma está, essencialmente, na condição faltante de um sujeito que se descobriu inserido na linguagem. Essa é a nossa estrutura elementar, e isso já é o bastante para que exista sempre um incurável do sintoma. A linguagem nos castra, e falamos pelo sintoma o que não expressamos pela palavra. Lacan define o sintoma como o mutismo do sujeito suposto falante.[4] Ou seja, o que não lembramos por palavra, recordaremos por sintoma.

O sintoma neurótico é, portanto, uma invenção necessária do nosso psiquismo, sempre em parceria com nosso corpo, e articulada pelos nossos afetos inconscientes e emoções conscientes. Uma solução criada para dar conta do nosso lugar de desamparo. É por isso que queremos (mas também não queremos) abdicar da sua existência e da sua companhia, ainda que largar mão do sintoma possa atenuar

---

4 LACAN, Jacques. *O Seminário, livro 11:* os quatro conceitos fundamentais da psicanálise (1964). 2. ed. Rio de Janeiro: Zahar, 1985.

algum tipo de padecimento. O gozo (*jouissance*) entra aí, mas não vamos entrar nesse tópico agora.

Voltando ao sintoma: ele é muito caro para nós, pois foi a saída que conseguimos encontrar diante de determinadas condições materiais e psíquicas que tínhamos disponíveis naquele momento. Era o que tínhamos pra ser. "O sintoma é a verdade do sujeito, a manifestação involuntária que o individualiza e significa tal como é no mais fundo de si mesmo", argumenta o analista J.-D. Nasio.[5]

E onde entra a análise? O ponto nevrálgico de uma demanda de análise é que essa saída sintomática talvez não esteja mais servindo tão bem quanto já serviu. Ou talvez o mundo, o outro ou a gente tenha mudado, e agora esse recurso neurótico se tornou frouxo e insuficiente. Talvez o nível de sofrimento causado pelo sintoma tenha aumentado, e não estamos mais topando tanta aflição. Que bom! Vai ser preciso então desconstruir e reinventar um novo sintoma, mas isso não será tão simples e rápido como trocar de curativo. Como diz a analista Maria Cristina Ocariz, "O sintoma não deve ser dissociado do sujeito.

---

5 NASIO, Juan-David. *Por que repetimos os mesmos erros*. São Paulo: Zahar, 2013.

É algo que deve ser modificado, mas não arrancado do sujeito, por ser fundamental em sua estrutura".[6]

Foi assim que, em algum momento na minha busca por encontrar e catalogar sintomas, o jogo meio que deu uma invertida, e comecei a considerar que eram eles que estavam me perseguindo. Como carma mesmo. Uma praga. Uma deformação inevitável em nossa formação, que nos constitui, e que não há muito o que possamos fazer a respeito. Aceitar porque aí dói menos? Como se fosse destino mesmo? Mas será que devíamos nos contentar com uma ideia fatalista de destino? Para lembrar aqui de um não psicanalista, tão importante para a história da psicanálise, como bem avisou Carl Gustav Jung, até que a gente se proponha a olhar para o inconsciente, vamos chamando a vida de destino.

Existem sintomas neuróticos que são bem resistentes à mudança, mas tem algumas coisas que podemos fazer a respeito. A analogia que faço é que o sintoma representa um lugar de pedágio. Uma tarifa que pagamos para poder circular mais ou menos livremente nas estradas da pulsão. O sintoma não é exatamente o destino final, mas

---

6 OCARIZ, Maria Cristina. *O sintoma e a clínica psicanalítica*: o curável e o que não tem cura. São Paulo: Via Lettera Editora, 2007.

uma rota entre tantas outras, e nós é que acabamos escolhendo passar por essa mesma via muitas vezes, às vezes todos os dias, por muitos anos. De fato, não vai dar pra saber de antemão o que é possível mudar em um sintoma sem antes pagar pra ver. E pagar caro. É provável, inclusive, que alguns sintomas mudem muito pouco ao longo da vida, e que a gente siga repetindo esse mesmo trajeto, que é o único que conhecemos. Mas a nossa relação com esse lugar pode ser diferente a partir do momento em que dermos algum contorno a tudo que existe nessa paisagem, no antes e depois desse pedágio.

Acredito também que boa parte do esforço que podemos fazer é não ter tanta vergonha de ter que pagar essa taxa. Ou medo. E poder rir do sintoma. E levar em conta que os nossos sintomas já estão circulando por aí, quer a gente esteja ciente deles, quer não. Como brinca o meu colega e querido amigo psicanalista André Alves: "O seu sintoma é como uma mandala pendurada bem no seu pescoço. Todo mundo está vendo, menos você. E tudo bem". Tem horas mesmo que o sintoma berra e todo mundo escuta, mas, se você percebe, em tempo, que ele está gritando, alguma coisa já conseguimos fazer diferente para, quem sabe, achar algum atalho alternativo, pelo menos dessa vez.

Outro grande perigo é que na hora da eclosão do sintoma se dá também o caos gerado pela colisão dos sintomas de diferentes sujeitos. Dependendo de como o sintoma de um bate com o sintoma do outro, pode ser catastrófico. Uma tragédia sem volta. Porque nos convoca a ter que fazer uma mudança muito radical para conseguir sustentar ainda alguma coisa daquela relação. O bom mesmo é quando o sintoma de um se engancha perfeitamente com o sintoma do outro, como as garras de duas lagostas apaixonadas que não conseguem se desgrudar. Aí é até melhor nem mexer no sintoma de ninguém, porque senão dá separação.

Para finalizar esta seção (e não sessão) dos cadernos do *Notícias do ICS*, quero reforçar que, de forma alguma, eu penso que deveríamos passar pano para o sintoma. Afinal, ele tem tudo para ser um agravador da nossa angústia e nos atrapalhar na possibilidade de vislumbrar uma vida mais desimpedida de sofrimento. Não é sobre fechar os olhos ou reprimi-lo, pois isso só vai inflamar ainda mais a ferida. Mas também não é para se autoflagelar. A análise dos sintomas não pode ter essa finalidade. Devemos ser muito gentis e amáveis com a gente mesmo nessa hora. Lembrar que foi isso que deu pra fazer até agora. E a questão que fica é: e daqui pra frente?

Talvez não precisássemos nem devêssemos ser tão apegados e fiéis aos nossos sintomas. Podemos tentar experimentar outros. Avaliar novos custos-benefícios. Flertar com outras formas de ser e estar. O que não dá é para deixar a pulsão atrofiada em um único tipo de saída, porque aí perdemos a mobilidade e qualquer capacidade de transformação do sujeito. E acredito que, no fim, é para isso que andamos até aqui.

EU QUERIA SONHAR COM FREUD

Eu queria sonhar com Freud e pedir para ele analisar o meu sonho em tempo real. Não lembro de já ter sonhado com ele, mas lembro de sonhar com diferentes analistas com os quais eu fazia análise. Inclusive, isso me rendeu sessões maravilhosas a partir desses sonhos. E as sessões também tiveram a sua continuidade, depois no sonho, e depois em outras sessões. E o meu inconsciente lá, animadíssimo, produzindo incansavelmente para a alegria da dupla analista–analisando.

É bem comum a fala teórica de um psicanalista começar do mesmo lugar para falar sobre sonhos, e comigo não vai ser diferente. Vou iniciar desse mesmo lugar também, lembrando que o sonho está lá na raiz dos estudos sobre o inconsciente, porque é com a publicação de *A interpretação dos sonhos*,[7] em 1900, que Freud catapulta a psicanálise para além do nicho de neurologistas de Viena. Isso acontece a partir da "escolha" de um tema que é tão íntimo e subjetivo, mas tão acessível ao que chamamos hoje de público *mainstream*, aquilo que é conhecido e convencional a uma grande massa de pessoas. Afinal, a gente pode não ser analista, nem estudar psicanálise, nem fazer análise, nem querer falar sobre sofrimento psíquico e saúde mental, mas a gente sonha, mesmo que não se lembre muito bem dos sonhos. Além disso, a gente pode não querer falar sobre nossos sonhos, mas eles falam da gente.

O sonho lembrado não é só um sonho, é uma mensagem. E, se pretendemos prestar um pouco mais de atenção à nossa vida psíquica, vamos ter que abrir esse comunicado. Se Sócrates afirma que "a vida que não é examinada não é digna de ser vivida", algo semelhante vale para os sonhos. Não examinar ou reviver os sonhos nos impede de sonhar ainda mais. Até que podemos passar uma vida inteira sem

---

7 FREUD, Sigmund. *A interpretação dos sonhos (1900)*. São Paulo: Companhia das Letras, 2019.

dar atenção e sentido aos sonhos, como um grande blecaute noturno, mas será que não estamos desperdiçando alguma coisa aí?

Por mais racionais e objetivos que sejamos, a incursão na psicanálise não deixa o tema dos sonhos escapar do nosso radar. Precisamos aprender a fazer um mergulho teórico e interpretativo no universo onírico enquanto um tipo bastante específico de fazer literário. Inevitavelmente, seja como analista, seja como analisando, vamos ter que nos haver com as seguintes perguntas: em que lugar está o sonho na minha vida e o que tenho feito com essas imagens e histórias sem pé nem cabeça que surgem na minha mente?

Pessoalmente, eu sempre achei a história toda dos sonhos muito interessante, e esse foi um fator que me atraiu prontamente para o campo da psicanálise. Mas foi só alguns anos atrás, em uma manhã sonolenta, daquelas em que o ar parece branco, denso e viscoso, que eu tive a sensação de despertar para uma dimensão mais expandida sobre a compreensão dos sonhos. Eu não estava acordando na minha cama, na minha casa, mas, ao contrário, participando de um grupo de discussão teórica, cujo tema daquela semana era este: sonhos.

Eu estava lá, escutando. Naquela época, eu ainda falava muito pouco ou quase nada nos meios psicanalíticos, tentando treinar a escuta. Foi então que uma colega, por sorte bem mais falante, lançou a seguinte pergunta para o analista convidado que conduzia o nosso encontro: "Se os remédios psiquiátricos e as pílulas para dormir podem afetar drasticamente o nosso sono e os nossos sonhos, provocando inclusive pesadelos muito bizarros, faz sentido a gente querer interpretar esses sonhos no consultório como manifestações reais e legítimas do desejo do paciente? Afinal, esses sonhos não foram produzidos por esses medicamentos?".

Nessa hora, diante da dúvida da colega, tive a sensação de ganhar um *upgrade* de cabine no meu próprio entendimento sobre a função dos sonhos no tratamento analítico. Sim, o sonho é resultado de uma trama de deslocamentos entre resíduos da vigília recente e outros elementos mais profundos e recalcados, como o desejo. Mas, além disso, devemos adicionar a essa composição os estímulos do ambiente e o estado fisiológico em que nos encontramos durante o sono. E, aí, valem coisas bem simples mesmo, como um ruído no apartamento do vizinho ou uma má digestão da pizza do jantar. Ou qualquer medicamento que seja. Dessa mistura vai vir muita coisa, menos uma: um sonho puro já decodificado e pronto para ser "consumido" em uma sessão de análise.

O nosso maior equívoco é pensar no inconsciente como um lugar secreto no nosso cérebro, onde existiria uma fábrica de sonhos que vai nos presentear com todo o ouro que buscamos. Só que o tesouro, como adverte Lacan, "é dos significantes". A gente leva o sonho ao analista por um motivo, e este é mais importante do que o sonho. Só que o nosso Eu consciente não necessariamente sabe disso. Nesse sentido, o mais importante não é o conteúdo manifesto no sonho, mas o conteúdo latente que vai se revelar somente à medida que começamos a fazer a narrativa do sonho, qualquer que seja ela. É só quando falamos sobre o que ele nos causou e o que nos causa agora que estamos falando dele que o sonho fala de nós.

Existem algumas teorias, como a do biólogo Francis Crick – descrita em *O oráculo da noite*, do pesquisador Sidarta Ribeiro –,[8] que refutam a premissa freudiana de que o desejo inconsciente seria um fator causal no processo de formação do sonho. Segundo essas teorias, o sonho não teria sentido algum, e seria uma perda de tempo tentar decifrar mensagens secretas escondidas no conteúdo onírico, que seria então básica e puramente aleatório, como um

---

8 RIBEIRO, Sidarta. *O oráculo da noite*: a história e a ciência do sonho. São Paulo: Companhia das Letras, 2019.

efeito colateral da reorganização cerebral. Ok, que Freud não nos ouça, mas... pode ser.

Ainda assim, ainda que levemos essa hipótese em consideração, isso não invalida a potência do sonho como incentivo ao processo simbólico de elaboração. Em outras palavras: é sempre mais sobre o que falamos do sonho do que propriamente sobre ele. É como quando a gente narra e associa a respeito de um objeto cultural, como um filme ou uma série, que acabamos de assistir, e começamos a conectar esse conteúdo com a nossa história e com as questões da nossa vida. Se isso já tem um grande valor, imagine então que essa obra-prima foi, ainda por cima, roteirizada, dirigida, produzida e estrelada por você, a única pessoa na sala de cinema que vai assistir a ela. O filme pode até ser uma bomba, mas vale o ingresso.

Infelizmente, o lugar do sonho na cultura contemporânea está em baixa. Durante o início e o pico da pandemia de covid-19, até tivemos uma fase na qual o sonho estava mais quente na pauta, nas conversas, nas redes e na mídia. Isso porque os episódios traumáticos e as experiências inéditas que vivemos naquela época (e que precisavam ser elaborados pelo psiquismo) estimularam sonhos mais vívidos na grande maioria de nós. Esse fenômeno foi muito bem descrito no livro *Sonhos confinados*, que o professor

Christian Dunker e outros organizadores lançaram em 2021, conectando a produção onírica a manifestações coletivas, em um atravessamento com o social, o cultural e o político.[9]

A hipótese que muitos pesquisadores sobre sonhos trazem hoje é a de que talvez estejamos operando mais em termos de objetivos do que sonhos, no significado mais amplo do termo. Focados em metas e desempenho, e não em devaneios. Ninguém quer correr o risco de parecer ingênuo ou fazer papel de bobo em um mundo em que precisamos ser mais práticos, otimizar e ganhar tempo. A cultura da apreciação do sonho ficou desgastada, talvez até por uma falta de perspectiva na capacidade de fantasiarmos sobre o futuro. O tal iluminismo obscuro do qual fala o filósofo Franco Berardi:[10] um futuro bem menos brilhante do que aquele que a gente vislumbrava no passado. Só que, como teoriza Sidarta Ribeiro, o sonho é um modo de proteção do sujeito e da espécie, pois é um ativador das memórias do passado e cria conjecturas sobre o futuro. Não é premonitório no sentido de prever o futuro, mas é uma simulação de

---

9 DUNKER, Christian et al. *Sonhos confinados*: o que sonham os brasileiros em tempos de pandemia. São Paulo: Autêntica, 2020.
10 BERARDI, Franco. *Depois do futuro*. São Paulo: Ubu Editora, 2019.

futuros possíveis.[11] Com base em ontem, como pode ser o amanhã? Essa narratização do sonho já salvou inúmeras tribos e comunidades, porque sonhar o futuro é simular as consequências dos nossos atos.

Para o sujeito neurótico, é muito curioso que, mesmo protegido pelo modo virtual de simulação, ele raramente realiza todo o seu desejo no sonho. Muitas vezes, ainda acorda na melhor hora e fica furioso consigo mesmo por causa disso. O conteúdo do sonho não é, portanto, só um reflexo do desejo inconsciente, mas também uma pista de tudo aquilo que fica no meio do caminho entre o sujeito e o seu desejo. Vestígios bastante reais sobre a nossa neurose são o que não faltam nessas ficções. E essa é a graça.

MEME, O CHISTE DIGITAL

Em 1905, Freud publicou *O chiste e sua relação com o inconsciente*, um texto que articulou a teoria do chiste como válvula de escape do inconsciente. O chiste, também conhecido como piada, gracejo, aquela risadinha às vezes nervosa, às vezes sem graça, aquele comentário espirituoso, a brincadeira "inofensiva",

---

11 RIBEIRO, Sidarta, *op. cit.*, 2019.

é também o que chamamos na psicanálise de formação de compromisso diante de um conflito psíquico, assim como os atos falhos, sintomas e sonhos. Ele pode ser, inclusive, uma ótima reação defensiva a essas outras manifestações do inconsciente.

Ademais, o chiste é outra falha na barragem do recalque. É a confirmação de que alguma coisa deu algum jeito de sair lá do fundo e se revelou para o sujeito e para aqueles que o cercam. E aí, para acompanhar, vem a graça, justamente para disfarçar que essa obstrução existia e que ela sofreu um abalo. Ou também a risada talvez seja uma descarga de prazer por ter tido essa barragem finalmente abalada. Ou talvez por vergonha. Vergonha própria? Vergonha alheia? *Cringe*? Aquele constrangimento que faz todo mundo mudar de assunto.

Muitas vezes, rimos de uma imagem ou situação, mas não sabemos racionalmente explicar por que aquilo, *a priori*, seria tão engraçado. Ou por que aquilo é engraçado para um sujeito, mas não para outro. Ou por que é engraçado em um dia, mas não em outro. O que está em questão é: o que isso diz da subjetividade de cada um? Onde foi que pegou? A elaboração em cima do motivo e da intensidade do riso dá boas pistas dos elementos inconscientes. O humor não só descomprime o sujeito que sofre, mas também é uma excelente faísca para a catarse, para o desabafo, para o diálogo, e um ótimo material para uma sessão de análise.

Hoje não falamos em "chistes", fazemos poucas piadas (geralmente de gosto duvidoso), mas conversamos muito sobre memes e por memes, que são como uma espécie de produto da associação livre da cultura. Um conteúdo que deixa vir à superfície o que está submerso para muitas pessoas, mas não tão escondido para quem cria, recria ou compartilha o meme. É aquela sensação de "não acredito que alguém pensou nisso, pois é exatamente assim que eu me sinto quando...". É por isso que alguns memes, enquanto objetos culturais, alcançam lugares tão grandiosos e profundos. Não expressam necessariamente um humor escrachado, a palhaçada de quem joga uma torta na cara do outro ou a pegadinha sádica em que rimos "de maldade" simplesmente porque alguém escorregou e levou um tombo.

Em geral, os memes chegam mais longe porque podem esconder e desvelar camadas de ironia bastante refinadas. Lembram-nos de considerar que as coisas têm um duplo sentido, que nada é apenas literal e imagético — e essa é uma passagem sempre importante a se fazer em um processo de subjetivação: sair do registro psíquico Imaginário (que tem um sentido único) para o registro Simbólico (que tem duplos ou múltiplos sentidos). É a chance de que algo, que ainda não tenha sido dito ou mostrado, possa vir à tona. Costumamos grudar nesse *isso* com unhas e dentes, porque *isso* fala de nós. Fala de um lugar que não sabíamos que existia, sobre o qual não sabíamos como falar. E isso pode até nos transformar, de algum jeito, com apenas uma risada.

O mais curioso e supostamente contraditório nesse tema é que muito daquilo que geralmente nos faz rir vem associado, na verdade, a alguns afetos negativos que nos habitam. Tristeza. Raiva. Inveja. Solidão. Ansiedade. Frustração... E tantos outros embaraços e pecados capitais. Esses são sentimentos que naturalmente tentamos esconder, porque tendem a nos diminuir, de modo imaginário, perante o outro. Não agregam nada positivo à atmosfera prazerosa e extrovertida que geralmente aspiramos imprimir em nossas interações sociais, ainda mais em um lugar chamado Brasil (o país da festa e da alegria? Ainda?).

É justamente nessa brecha que o meme, enquanto linguagem, entra com tanta destreza e abre o caminho para identificações possíveis ou, até então, impossíveis. E para uma boa dose de conformidade e sintonia psíquica, como aponta Freud: "É essencial que esta [pessoa que ouviu o chiste] esteja em suficiente acordo psíquico com a primeira pessoa [o autor do chiste] quanto a possuir as mesmas inibições internas, superadas nesta última pela elaboração do chiste".[12]

O riso nos aproxima do outro e provoca alívio, mesmo que por alguns segundos. E, pensando em memes, esse é um formato que a cultura, especialmente a jovem digital, encontrou para tratar de assuntos bastante difíceis e complexos com algum grau de leveza e, sim, geralmente com muita superficialidade — o que, em si, não é um problema, desde que a conversa não pare completamente aí, no rápido deslizar do dedo sobre a tela.

Com a popularização de temas ligados à saúde mental nas mídias de massa e nas redes sociais, existe uma tendência interessante de começarmos a rondar as nossas dores e impasses emocionais com um pouco mais de liberdade e menos censura, desfazendo o semblante posado de que somos sujeitos perfeitos e equilibrados. Dá para encontrar nos memes que falam sobre terapia e mal-estar psíquico um novo patamar de desimpedimento para que a gente possa se expor e se abrir mais para o outro, operando com

---

12 FREUD, Sigmund. *O chiste e sua relação com o inconsciente (1905)*. São Paulo: Companhia das Letras, 2017.

os mecanismos de defesa, quem sabe, de forma um pouco mais moderada.

Até porque o melhor do meme está na sua natureza interativa. Não é apenas sobre compartilhar algo engraçado, mas também sobre adicionar uma camada própria da nossa subjetividade, do nosso momento, do nosso incômodo — em uma legenda, um comentário, um enunciado a mais que é sobreposto ao meme. Essa é a essência do formato *memético*: uma unidade de transmissão cultural que imita e que reproduz, mas na qual sempre cabe uma nova intervenção a partir do momento em que somos atravessados subjetivamente por esse conteúdo.

A partir daí, fica ainda mais interessante e convidativo que a gente possa ampliar as interpretações a respeito de diferentes temas psicológicos, conectando pessoas que talvez sofram por um mesmo (ou, no mínimo, muito semelhante) motivo. Por sua natureza colaborativa, e por ser relativamente sem dono e autoria, é como se o meme fosse um poderoso sintoma cultural. O seu apelo à singularização, para que faça ainda mais sentido para determinado sujeito e para seus pares, tem um potencial de identificação e reapropriação que promete ir até o infinito.

E tem mais: os memes de natureza autodepreciativa nos colocam numa posição relativamente inédita de reconhecer e admitir a nossa vulnerabilidade, nosso estado atual e os nossos transtornos individuais e coletivos. Tanto a incidência da pandemia do coronavírus como as crises políticas e econômicas que enfrentamos há alguns anos nos trouxeram, sem dúvida, a um lugar árido e brutal — e, com isso, passamos a proclamar com bem mais desenvoltura, aos quatro ventos, colocações do tipo: "Peraí, ninguém tá bem"; "É sobre isso, e tá tudo bem"; e "Tudo bem não estar tudo bem". Como efeito de ressaca da vida ideal retratada nas redes sociais, o meme sobre saúde mental ocupa uma função de humanização e desalienação, e que não se leva tão a sério quanto o textão por vezes enfadonho dos discursos militantes.

O meme é uma ferramenta tão influente para falar do nosso tempo que sabemos a importância que esse formato tem em guerras ideológicas e na divulgação de informações e *fake news*. É propaganda que se espalha de forma orgânica e/ou proposital, a um custo muito baixo. Não podemos esquecer que o país elegeu Jair Bolsonaro em 2018 à base do meme. É um formato que, assim como outras formas de comunicação, como as piadas clássicas "de tiozão", pode reeditar e perpetuar padrões bastante problemáticos e inaceitáveis, como machismo, racismo, LGBTfobia e tantas outras estruturas sociais altamente problemáticas.

Como todo novo formato, que é disruptivo e provocador, os limites do chiste digital estão em plena construção, pois tratar de assuntos sérios e difíceis com um nível de escárnio pode também ser um grande desserviço à sociedade. Cabe rir de conteúdos que abordam o tema do suicídio, por exemplo? Não se faz piada sobre câncer ou aids, mas podemos fazer sobre depressão e bipolaridade? Essa é uma ética nova, difusa, e as fronteiras do humor variam muito, porque tudo vai depender da sutileza do tom, do impacto das imagens e até mesmo do contexto atual em que aquele meme está sendo compartilhado. E sempre haverá alguém que pode (e vai) se ofender. Alguém que está em um momento crítico demais para conseguir rir de si mesmo, e que talvez, diante daquele estímulo, se sinta ainda mais sozinho e incompreendido no seu próprio mal-estar. O ponto de tensão é que o deboche nunca vai ser politicamente correto, porque sempre vai ser permeado pelo inconsciente, que é, por definição, impoliticamente correto e "sem noção".

Como diz o poema de Sérgio Jockyman, "o riso diário é bom, o riso habitual é insosso e o riso constante é insano".[13] Ou melhor, como falamos nos dias

---

13 JOCKYMAN, Sérgio. Os votos. *Folha da Tarde,* Porto Alegre, 1980.

de hoje: rir de tudo é desespero. Existe um risco de banalizarmos e baratearmos temas que nos são tão caros. De acreditar que rir ou postar memes já é fazer o melhor que podemos para cuidar da nossa saúde mental. Não é. Até pode ser alguma coisa, mas está longe de ser o bastante. Como qualquer forma de comunicação de massa, o calcanhar de Aquiles está na perpetuação de estereótipos, na vulgarização e simplificação de temas que são sérios, diversos, singulares e, sim, bastante complexos.

O mais interessante a se considerar é que, enquanto revolução de linguagem, ética e estética, o meme lida de forma surpreendentemente bem-sucedida com o que é falho, o que é feio, precário e bizarro e que tendemos a reprimir nos outros e em nós mesmos. Lida com as nossas inseguranças, nossos segredos, carências e limitações. Com os erros. Os meus, os seus, de todos. Com a falta primordial e comum a todos os seres humanos que dividem este mesmo tempo e espaço e que estão curtindo a mesma coisa ao mesmo tempo. E isso já é um bom começo.

NOS VEMOS LÁ FORA

Uma vez que mergulhamos mais fundo no universo da psicanálise, progredindo no nosso percurso de análise e na dos nossos analisandos, algo muito significativo vai ganhando robustez dentro de nós. Não vou dizer que a gente começa a dominar o jogo, mas aprendemos a reconhecer melhor o terreno em que estamos pisando e a ter mais segurança em nossas leituras e interpretações. E, aí, dá até para arriscar algumas manobras e investidas um pouco mais ousadas, e mais originais (?), ainda que, como sabemos, o meio psicanalítico não seja o mais receptivo às inovações.

Pelo menos para mim foi assim que aconteceu. Aos poucos, fui sendo tomado por um sentimento de que eu podia e devia explorar mais da psicanálise enquanto campo de estudo e fonte de conhecimento. Ou, ainda, que eu poderia explorá-la de um jeito um pouco diferente, entrar por outros ângulos e transcender a centralidade que damos ao fazer clínico, mesmo que fosse para, depois, retornar para a clínica. Obviamente, não há nada de inédito nesse movimento, mas eu não sabia que ia passar por ele. Freud não concebeu a psicanálise baseado apenas na experiência clínica, mas em estudos e observações sobre o ser humano provenientes de inúmeras outras áreas do conhecimento. Ou seja, é preciso às vezes sair da psicanálise para poder voltar a ela, e ter em mente que nem tudo nela é ou deveria ser sobre o processo terapêutico.

Embarcar em um processo de análise me parece sempre uma excelente ideia. Eu sempre recomendo a qualquer um que faça esse experimento, pelo menos uma vez na vida. Ao mesmo tempo, me questiono por onde mais a psicanálise circula ou poderia circular, além dos nossos próprios umbigos e dos umbigos de nossos cinco ou trinta analisandos. Até onde dá para expandir o alcance da psicanálise? Comecei a fazer essa pergunta a mim mesmo toda vez que apagava as luzes do consultório e voltava para o mundo que encontrava para além daquelas quatro paredes.

Sabemos que a análise é uma travessia íntima e particular de um único sujeito. É sobre a história que conseguimos narrar e organizar a respeito do que aconteceu e acontece com cada um de nós. É sobre o lugar em que nos encontramos agora e aquele para onde desejamos ir. Mas nem tudo na psicanálise é apenas sobre o sujeito em si. O caminho da análise e o estudo da psicanálise nos levam não só a conhecer um pouco mais sobre nós mesmos, mas também a modular a nossa sensibilidade para a pluralidade de aspectos sociais que nos atravessam enquanto sujeitos e enquanto cultura.

Nossa paisagem psíquica é constituída não apenas por sonhos, memórias infantis e muita sexualidade mas também por sistemas compartilhados de crenças e doutrinas, assim como econômicos, filosóficos, morais e ideológicos. Lentes coletivas que usamos para enxergar e dar sentido à realidade e que também viram ou deveriam virar questão em análise.

Se toda cultura vem de um culto, convém trazermos para o consultório o que andamos cultuando em nossas vidas. Nesse escopo mais amplo de pesquisa, descobri que seria possível expandir a nossa escuta para além das questões desse ou daquele sujeito — em um entendimento de que cada época e lugar também tem os seus próprios ideais internalizados, os seus traumas e padecimentos. Toda simbolização me parece muito válida nesse sentido, e o mundo é literalmente o limite.

ANÁLISE CULTURAL

Meu ex-coordenador de práticas clínicas de psicoses, José Waldemar Turna, costuma dizer que a fala de Contardo Calligaris que mais o marcou foi a seguinte: "O psicanalista não é alguém que caminha com as obras de Freud debaixo do braço. O psicanalista é um sujeito da cultura".[1] Ou ainda, como aconselha Lacan, a prática do analista se dá fundamentalmente em "alcançar, em seu horizonte, a subjetividade da sua época".[2]

Psicanálise não é antropologia. Mas tanto Freud como Lévi-Strauss debateram o que é estrutural no inconsciente da sociedade, por exemplo, o tabu da proibição do incesto. Psicanálise também não é

---

1 PSICANÁLISE: Gelo & Limão: O Escritor. Entrevistado: Contardo Calligaris. Entrevistadores: Daniela Varanda e Antônio Emygdio. Disponível em: https://open.spotify.com/episode/744TLHkO7q05ei EplugYJM?si=2qX9iXJbSXa2hGql5wcUWg. Acesso em: 17 nov. 2022.
2 LACAN, Jacques. *Escritos* [Função e campo da fala e da linguagem em psicanálise]. Rio de Janeiro: Zahar, 1998.

sociologia. Mas existem linhas teóricas bastante fusionadas, como o freudo-marxismo, hoje talvez mais bem representado pelo filósofo esloveno Slavoj Žižek. Se, para a psiquiatria, há um paralelo muito pertinente entre o mental e o orgânico, para a psicanálise há um outro que também nos é muito valioso: entre o mental e o social. A psicanálise enquanto tese para se pensar cultura, política e comportamento das massas é um caminho que pode nos ajudar a dar algum sentido para o atual absurdismo do mundo, que muitas vezes parece sem sentido algum ou simplesmente carente de novos sentidos.

Na live *Políticas de identidade e de gozo*, realizada por Christian Dunker e Maria Homem,[3] os dois analistas reforçam a ideia de que não dá para se pensar em uma diferença nítida entre psíquico e social. Não há um dentro e outro fora. Um privado e outro público. Externo e interno se comunicam em uma torção, com continuidades e pontos de passagem; o próprio Freud vai propor essa revisão anos depois da sua publicação de *Psicologia das massas e análise do eu*.[4] Lacan também,

---

3 HOMEM, Maria. *Políticas de identidade e de gozo / com Christian Dunker*. YouTube, [2022?]. Disponível em: https://www.youtube.com/watch?v=z3GUe2RMnA0. Acesso em: 13 out. 2022.

4 FREUD, Sigmund. *Psicologia das massas e análise do eu e outros textos (1920-1923)*. São Paulo: Companhia das Letras, 2011.

mais tarde, reforça essa concepção, como nos lembra esta fala do psicanalista francês Charles Melman:

> Lacan dizia: "O inconsciente é o social". Por quê? Simplesmente porque o recalque, que é o que alimenta o inconsciente e o que gera as neuroses, faz parte dos traços de moralidade exigidos para uma dada cultura e, no melhor dos casos, a família não faz senão transmitir à criança este imperativo social. Diga-me quais são seus interditos e eu lhe direi a que comunidade você pertence [...].[5]

Para mim, conectar a psicanálise com outras áreas e temas de estudo foi se tornando um hábito e uma paixão. Essa é uma ótima estratégia que analistas e não analistas poderiam adotar no intuito de fazer reflexões sobre o tempo e a sociedade em que vivemos. Isso me levou a um ponto de inflexão sustentado por três premissas: 1) psicanálise não é só psicanálise; 2) psicanálise não é só clínica; e 3) psicanálise não é

---

5 SAMUEL KATZ, Chaim; MELMAN, Charles; KOLTAI, Catarina; PABLO FUKS, Mário. Psicanálise e cultura: uma herança freudiana? *Debate – Revista Percurso nº 34*. Disponível em: https://www.freudiana.com.br/destaques-home/psicanalise-cultura-uma-heranca-freudiana.html. Acesso em: 13 out. 2022.

só a Viena do início do século 20, ou a Paris dos anos 1960, ou qualquer outro espaço-tempo delimitado.

Para além de todo o interesse que temos (e somos convocados a ter) pelos primórdios da história e surgimento da psicanálise, com toda a sua extensa bibliografia fundamental, é imprescindível que também consigamos voltar o nosso olhar para o presente e para o novo, que estão hoje aqui e lá fora. Olhar para o Brasil de agora e seus fenômenos atuais. Olhar para os comportamentos emergentes dos jovens e adolescentes. Olhar para o impacto das novas tecnologias nas nossas vidas. E, quem sabe assim, capturar um pouco mais da atmosfera afetiva e sintomatológica do nosso tempo. A provocação, como se diz comumente no meio, é que Freud e Lacan estão mortos. A psicanálise somos nós.

Além disso, as mudanças na cultura exigem que atualizemos algumas coordenadas teóricas até então bastante intocáveis da psicanálise. Sim... Ou não? É muito frequente escutarmos críticas de que a psicanálise é antiga demais para o nosso tempo, de que estaria datada e desatualizada. Não estaria à altura da diversidade do mundo globalizado. Podemos pensar, no entanto, que as questões sociais que são cada vez mais pertinentes ao nosso tempo — como a crítica à estrutura patriarcal e as discussões de racismo, gênero e sexualidade — podem (e vêm sendo) de alguma forma pensadas e elaboradas com a ajuda de eixos psicanalíticos por muitos autores e pensadores contemporâneos.

Ao mesmo tempo, essas questões também podem ser localizadas, de maneira bastante contestável, dentro da própria teoria e prática da psicanálise; por exemplo, nas possíveis leituras a respeito da noção freudiana de inveja do pênis, ou, evidentemente, na acentuada branquitude que assola as comunidades psicanalíticas do Brasil, mas que, felizmente, vem mudando, ainda que aos poucos, nos últimos anos. Pensadores do nosso tempo são muitas vezes encarados como inimigos da psicanálise, mas deveríamos escutá-los como aliados. O filósofo Paul B. Preciado é um bom exemplo de não psicanalista que se dirige diretamente a nós, defendendo que a epistemologia da diferença sexual está em mutação, mas que a psicanálise, alienada em sua origem patriarcocolonial, insiste em psicotizar o questionamento a respeito do regime binário.

Em sua obra recente *Eu sou o monstro que vos fala*,[6] baseado no seu polêmico discurso à Escola da Causa Freudiana em Paris, o autor enfrenta conservadores e

---

6 PRECIADO, Paul B. *Eu sou o monstro que vos fala*: relatório para uma academia de psicanalistas. Rio de Janeiro: Zahar, 2019.

feministas, e convoca a psicanálise a reconhecer o seu etnocentrismo e a sua posição politicamente situada, que não será progressista enquanto for sustentada por homens brancos cis heterossexuais burgueses — o tipo de animal que definitivamente goza de mais privilégios que os outros e que geralmente é tido como o "ser humano universal". Paul defende que "é hora de sair dos divãs para as praças e de coletivizar a palavra, politizar os corpos, desbinarizar a sexualidade e descolonizar o inconsciente".

Existe um ponto de partida originário de que a psicanálise não é propriamente um tratamento para o social, mas sim para o sujeito. No entanto, isso não significa que psicanalistas ou teóricos da psicanálise devam fechar os olhos para as questões sociopolíticas da atualidade. Há uma discussão muito fervorosa nessa encruzilhada entre a psicanálise e as políticas identitárias da atualidade. Sim, até porque o novo nasce sempre do conflito de tensões, e não do seu abafamento. Como vemos na publicação *Provocações para a psicanálise no Brasil: racismo, políticas identitárias, violências e colonialismo*, organizado por Paula Peron e Pedro Ambra,[7] a diferenciação entre

---

7 PERON, Paula; AMBRA, Pedro. *Provocações para a psicanálise no Brasil*: racismo, políticas identitárias, violências e colonialismo. São Paulo: Zagodoni Editora, 2021.

o sofrimento social e o sofrimento do sujeito é mais complexa e delicada do que podemos conceber em um primeiro olhar, e precisa ser endereçada e discutida tanto na clínica como entre analistas.

A questão continua: até onde a psicanálise consegue ir? Existe um velho debate sobre o quanto a psicanálise seria ou não uma *Weltanschauung* (cosmovisão/ visão de mundo). A princípio, ela não o seria, pois não se pretende a partir dela conseguir responder a todas as perguntas. Ficam muitos buracos, e essa pode ser a sua grande vantagem competitiva com relação a outras áreas de investigação e conhecimento. São justamente esses buracos — não só do sujeito, mas também de grupos e do grande coletivo — os pontos mais interessantes para serem mapeados, circundados e nomeados, ainda que alguns analistas sejam um tanto avessos a essa proposta.

Considerando o espaço-tempo em que vivemos hoje, não dá para negar que esse é um cenário que alguns pensadores vêm chamando de distopia cognitiva. Uma conjuntura em que fica cada vez mais complexo saber no que acreditar e onde se segurar. Confundimos fatos com opiniões e precisamos lidar até mesmo com legiões de pessoas que defendem que a Terra é plana. Esse é um contexto não apenas de falsas verdades e desconfiança generalizada em todas as instituições, mas também é como se operássemos com uma espécie de menu de realidades, em que podemos escolher no que queremos acreditar e quais realidades vamos rejeitar. Navegar o mundo de hoje ficou mais confuso, e tenho a sensação (ou a fé) de que a psicanálise tem entrado como uma ferramenta epistemológica que nos ajuda a elaborar coletivamente essa complexidade de navegação.

Assim como acontece com cada um de nós, cada época e cada cultura é também marcada pelo inassimilável do trauma. Aquilo que, na hora que acontece, nos faltam recursos subjetivos para dar conta da dureza dos fatos objetivos. E os efeitos psíquicos desse acontecimento manifestam-se só depois. Aqui do nosso lado, podemos sempre tentar fazer alguma análise crítica das narrativas culturais e ideológicas que estão em curso ao nosso redor. Diante de todas as transformações no cenário mais amplo, quais caminhos que estamos encontrando para enfrentar ou recalcar o Real? Quais estão dando mais ou menos certo? E para quem? Como estamos nos ajudando ou nos atrapalhando coletivamente a fazer essas travessias?

Simbolizar o trauma do sujeito ou da cultura é conseguir articular uma narrativa sobre como estamos sendo afetados ou como estamos nos desafetando para não sermos tão afetados. É escutar o que falamos e falar de novo. Isso vai promover não apenas uma mudança de posição para o sujeito, mas também para os nossos grupos e comunidades. É o que o psiquiatra antirracista Frantz Fanon defende como o ponto-final de um processo analítico individual: o engajamento do sujeito em um processo de transformação social.[8]

E onde habitam e se articulam esses grupos e comunidades nos dias de hoje? Onde tomamos consciência, reagimos, reprimimos e interagimos com as evoluções e retrocessos do mundo? O grande lugar hoje, sem dúvida, são as redes sociais. É lá que prioritariamente ainda lutamos para construir uma espécie de prótese da pólis, um lugar de reflexão e articulação que sustente o nosso lugar cívico, um lugar que ainda estamos aprendendo a ocupar.

INSTA-THERAPY

Psicanálise não é futebol, não é religião, não é programa de auditório. Nunca se configurou como prática ou conhecimento altamente acessível e atraente para as massas. Até porque existe uma crença historicamente difundida na cultura de que fazer

---

8 FANON, Frantz. *Pele negra, máscaras brancas*. Salvador: Edufba, 2008.

análise (ou discutir psicanálise) é coisa pra gente desocupada, gente "louca", gente rica ou, ainda, gente da esquerda. Mas há boas evidências de que uma parte dessas crenças vem se transformando dos últimos anos pra cá, ensaiando uma realidade em que a psicanálise pode, sim, estar mais disponível e circular mais longe. Não apenas como um recurso para mapear e analisar a cultura, mas também para nos ajudar a participar e criar a cultura.

Eu gosto muito quando a psicanalista Maria Homem fala das redes sociais como rodas de conversa e pensamento. As escolas, os cursos, os fóruns, as sociedades de psicanálise, as palestras, os cartéis, os grupos de estudo e a supervisão são todos importantíssimos e indispensáveis para a jornada de formação, mas precisamos reconhecer que há muito além disso. Basicamente, todo o resto do mundo. O projeto de expandir a psicanálise para novos cantos é instigante, porque pode levar a sua teoria, o seu jeito de pensar e a sua linguagem para outros espaços sociais e perfis demográficos para além do estereótipo típico do psicanalista. O potencial de transversalidade da psicanálise é fascinante, mas cabe a nós ter mais coragem para levá-lo mais a sério.

Pessoalmente, eu me vejo bastante desinteressado quando a vivência da psicanálise fica tão hermética e fechada em círculos autorreferentes que acaba enclausurando os grupos de analistas e estudiosos em vez de abri-los. Há algo bastante nebuloso entre as noções de ensino, transmissão e formação, tema que é discutido incansavelmente pelos analistas. Mas, para além dessa discussão, tão necessária e também exaustiva, o que tem sido impressionante de acompanhar é o crescente interesse midiático e o espaço que a psicanálise ganhou na última década, com traduções mais palatáveis e atraentes e que despertam a atenção de um maior número de pessoas. Não são apenas novos autores e novos colunistas em veículos de comunicação de massa, mas também influenciadores e criadores de conteúdo. Nesse sentido, há uma janela para uma transformação na natureza do saber e do fazer psicanalítico.

Uma vez recebi a crítica de uma amiga que sinalizou que as minhas postagens sobre psicanálise no meu perfil no Instagram deveriam ser "menos densas e mais fáceis de serem lidas e compreendidas, pois assim poderiam chegar a mais pessoas". Nunca pretendi intencionalmente ser e parecer complexo. Mas, sim, os complexos nos invadem. O meu receio sempre foi, na verdade, de que minhas palavras ou ideias pudessem soar básicas e simples demais para as formalidades e exigências da comunidade psicanalítica. Necessidade de pertencimento? Complexo de inferioridade?

O estigma de que falar difícil nos dá status e reconhecimento no meio social está em todas as profissões e áreas do conhecimento. Mas talvez isso esteja mudando de alguma forma. Até porque falar difícil e falar com embasamento e/ou criatividade são coisas diferentes. Falar com a intenção de ser inteligível para muitas pessoas também é outra coisa. Com o tempo, fui descobrindo que a minha própria pesquisa sobre psicanálise é o que tenho maior satisfação em compartilhar. E isso independe do estágio de maturidade da teoria que consigo abarcar naquele determinado momento. Até porque, com certeza, vamos sempre soar rebuscados e complicados demais para uns e rasos e demasiadamente simples para outros. Sempre vamos perder seguidores (e analisandos). A perda faz parte da luta.

Mas, se a psicanálise é difícil e com certeza não é do interesse de todos, o tema saúde mental certamente é mais inclusivo. E, aí, o céu é o limite. Quantas frases sobre bem-estar psíquico e autocuidado, emolduradas com um belo design, você já encontrou e curtiu no seu *feed* nos últimos tempos? É aquela postagem inspiradora que se propõe a dar um impulso na sua autoestima; que o ensina a parar de se criticar tanto; que lhe dá dicas de como lidar com a ansiedade; que o ajuda a reconhecer se está em um relacionamento abusivo; que propõe novas formas de relaxamento mental; que chama a sua atenção para os primeiros sinais do burnout. Tudo com potencial para ser interessante à promoção da saúde mental é muito bem-vindo, mas também precisamos fazer a análise do teor e do efeito desses conteúdos.

Quando o *The New York Times* definiu, em um artigo de 2019, que "Instagram Therapists Are the New Instagram Poets",[9] levantou-se uma questão importante: Ok, uma simples postagem pode trazer bons insights psicológicos, mas será que também não pode servir como um substituto bastante precário para uma boa sessão de terapia? A revista *Psychology Today*[10] listou alguns pontos de cuidado para essa tendência que tomou conta não só de perfis de profissionais de saúde mental, mas também de influenciadores e

---

9 JUNE, Sophia. Instagram Therapists Are the New Instagram Poets. *The New York Times*, 26 jun. 2019. Disponível em: https://www.nytimes.com/2019/06/26/style/instagram-therapists.html. Acesso em: 13 out. 2022.

10 GOODMAN, Whitney. Instagram Is Not Therapy and I'm Not an Instagram Therapist. *Psychology Today*, 14 ago. 2019. Disponível em: https://www.psychologytoday.com/us/blog/healing-together/201908/instagram-is-not-therapy-and-im-not-instagram-therapist. Acesso em: 13 out. 2022.

marcas que adotaram a estratégia editorial de psicologizar a sua base de seguidores. Segundo o artigo, quais são os principais riscos identificados nesse tipo de conteúdo? Superficialidade, generalização e um caminho alienante de mão única. Ou seja, é um conteúdo supostamente terapêutico que pode, inclusive, gerar gatilhos em alguém que não está preparado para enfrentá-lo sem um acompanhamento adequado. Além de tudo, a "terapia de graça no *feed*" costuma fazer com que a gente fique ainda mais tempo on-line, ironicamente lendo postagens que afirmam que devemos ficar menos tempo conectados para termos uma saúde mental mais equilibrada.

O mal-estar na civilização, como diria Freud, está bastante exposto, e de forma às vezes até hilária. Como um programa de variedades mesmo. Quantas lives ou podcasts se parecem com uma espécie de sessão informal de terapia entre entrevistador e entrevistado? Bem-estar emocional se tornou tema central no debate coletivo, uma questão fundamental da vida íntima e também da saúde pública. É a consequência de uma cultura que trocou os códigos de estresse por saúde mental e de autoajuda por autocuidado.

Os resultados são muitos e devem ser analisados e consumidos com alguma precaução. Celebridades se tornaram gurus e coaches de vida. Conceitos teóricos se misturam organicamente com conselhos pessoais. Citações existenciais, estilizadas em mantras com cara de ímã de geladeira, são reproduzidas em série. Usuários espelham-se em sintomas psíquicos que encontram on-line como forma de definir as suas identidades. Discursos motivacionais se passam por tratamentos psicológicos. Com certeza, as redes podem ajudar a desafogar temporariamente alguns incômodos, mas não vai dar para comprar a ideia de que elas substituem a elaboração psíquica de tantos sujeitos que poderiam, ou mesmo deveriam, estar empenhados em um processo de análise. Ou em qualquer terapia que seja. Quantos desses conteúdos acabam fazendo recomendações diretas ou indiretas do que devemos fazer, sem qualquer escuta ou entendimento de casos específicos e da nossa singularidade?

Além disso, o conteúdo terapêutico, somado à lógica do algoritmo, pode se tornar uma grande armadilha para todos nós. Basta pensarmos que o eixo mercantil que pauta o funcionamento das redes tende a priorizar sempre o engajamento do que é mais raso e vulgar, e não a simbolização daquilo que é mais difícil de ser simbolizado. Assim, corremos o risco de construir e habitar bolhas que apenas reafirmam o que queremos ouvir no lugar de nos havermos com reflexões não tão simples quanto apertar ícones de curtir, salvar ou compartilhar. No lugar de questionar e tratar sofrimentos, é possível que estejamos apenas repetindo e exibindo os nossos sintomas, compartilhando e repostando.

Por essas e outras, é cada vez mais importante conseguirmos aprofundar os debates sobre as novas éticas que incluem a função, os limites e os riscos de um campo psicológico e psicanalítico que ganhou hoje uma roupagem mais pop e comercial. Um dia desses, fui impactado por um post patrocinado no Instagram com a seguinte mensagem: "Aprenda a fazer o post perfeito que vai vender as suas terapias". Não é de surpreender que isso esteja acontecendo, até porque o complexo quebra-cabeça do capitalismo tardio nos convoca a agir dessa forma. Em qualquer curso de formação universitária, somos familiarizados (ou melhor, treinados) a responder com maestria à demanda do outro, seja esse outro uma prospecção de cliente, seja uma instituição. No frigir dos ovos, é sobre conhecer e atrair o nosso público-alvo, aqueles que são foco do nosso desejo de vender, agradar e vender de novo, cada vez mais caro e para mais gente. Toda profissão passa por isso. Precisamos ser reconhecidos pelos nossos pares e persuadir o outro a respeito do nosso valor no mercado, da qualidade do produto que estamos vendendo, do serviço que estamos prestando, da mensagem que estamos comunicando. Mas como isso funciona para a psicanálise? E como isso pode funcionar em um contexto de rede?

Nos dias de hoje, o terapeuta facilmente cai na tentação de se posicionar como uma marca pessoal, com suas variadas estratégias de marketing e divulgação, incluindo uma geração contínua (e muitas vezes vazia) de conteúdo e, por que não, dancinhas coreografadas no TikTok. Ou então é tomado pela histeria do *publipost*, conteúdo pago sobre qualquer assunto ou categoria do mercado só pra exibir ao mundo o seu tamanho e a sua influência na rede. É muito comum escutarmos em algumas rodas de psicanalistas sobre as técnicas para "chamar e reter o cliente". Esse é um jargão que invade o campo da psicanálise de forma muito desajustada, e costuma gerar um grande desconforto na sala para analistas mais experientes que gozam de uma escuta um pouco mais atenta. Garantir determinados resultados terapêuticos e soluções em curto prazo sempre foi (e sempre será) enganar a si mesmo e ao analisando. É, no melhor dos termos, propaganda enganosa.

No fim, parece que as redes promovem mesmo um campo muito vasto de possibilidades, mas precisamos nos atentar para o fato de que também se torna ainda mais difícil sustentar uma prática da psicanálise sem ser orientado pela lógica de oferta/demanda, ou seja, compra/venda. É como se o psicanalista nas redes precisasse continuamente se advertir e se desprogramar para não ser levado pelo giro do capital e da espetacularização do Eu-Psicanalista. Afinal, vai dar realmente para *persuadir* alguém a fazer análise? E a fazer análise *comigo*, e não com o meu concorrente, que tem mais ou menos seguidores e influência do que eu? A única chance de uma análise vingar é a partir do próprio desejo do sujeito que procura e sustenta o seu processo analítico. Na clínica, a régua de engajamento on-line e as leis do algoritmo não vão necessariamente operar a favor da análise. Talvez façam justamente o contrário.

Com isso, entendo que o melhor que cabe para a psicanálise nas redes não é fazer suplência para a clínica, mas sim quebrar algumas barreiras e preconceitos, encurtar distâncias e expandir o nosso repertório. Além disso, é uma janela interessante para analistas se enxergarem, se reconhecerem, se expressarem e se posicionarem sobre os mais diferentes assuntos que incluem a pauta de temas importantes e urgentes à sociedade. Devemos, sim, ser mais do que apenas um nome e um misterioso número de telefone em um cartão de visitas.

Acredito que há algo adicional a esse fenômeno que também pode nos interessar bastante. Todo esse espaço recentemente conquistado levanta uma outra questão: será que a psicanálise dos anos 2020 está adquirindo novas funções exercidas exclusivamente em um contexto de comunicação de massa? Para além de promover a análise pessoal, a circulação da psicanálise pode transformar a forma como enxergamos e interpretamos o estado atual da realidade?

POR UM MUNDO MELHOR?

Engolir uma pequena pílula de psicanálise, logo cedo, antes mesmo do café da manhã, pode ser um hábito um tanto indigesto. Gostoso mesmo é acordar primeiro com um "bom dia!" das pessoas que a gente ama, comer algo saudável e também prazeroso, fazer algum exercício físico, respirar fundo e seguir para o corre, para a vida e, inevitavelmente, para a morte. Eu digo isso porque acho engraçado quando algumas pessoas que me seguem nas redes sociais comentam a respeito de algum conteúdo meu dizendo "Poxa, Lucas... um tapa na cara desses logo cedo de manhã?". É como se tivesse sido ruim, mas também tivesse sido bom. Como se tivesse doído em algum lugar porque tocou em um ponto que estava latejando, esperando para ser tocado. Mas será que era a hora? Será que foi na dose certa? E tem dose certa? Qualquer coisa, sempre temos a escolha de silenciar ou parar de seguir o analista nas redes, né?

Sabemos que o mundo digital é responsável por promover grandes confusões no nosso psiquismo. Apesar de não parecer, não temos muita gerência do que acontece por lá e operamos praticamente o tempo todo tentando nos proteger de sensações que não sabemos quais serão, até a hora em que elas aparecem. A principal defesa à qual recorremos, em geral, é uma tentativa constante de desafetação, o que pode ser bem nocivo para a nossa saúde psíquica. É agir como se nada realmente fosse muito importante e tudo fosse mais ou menos a mesma coisa. Como se fosse "só virtual". Sim, a gente se incomoda e se irrita também, mas isso só faz o nosso Eu aumentar ainda mais as defesas contra o que não queremos ver ou ficar sabendo (pelo menos com frequência, inúmeras vezes ao dia).

Não é sempre, por exemplo, que queremos consumir um conteúdo denso ou pesado sobre distúrbios mentais ou sofrimento psíquico. Assim como não é sempre que queremos ver imagens de pessoas felizes mostrando o corpo sarado na praia.

Ou estar a par das últimas notícias sobre o aquecimento global. Ou a guerra na Ucrânia. Isso sem falar dos memes. Dos escândalos políticos. Da publicidade. Das novas doenças contagiosas. Das dicas de autoajuda. Das imagens horrorosas de violência. Dos reality shows. Das fake news. Das denúncias. Dos tweets controversos. Das threads de ódio. Do horóscopo. Eventualmente bate a vertigem, e momentos de pausa e silêncio ficam cada vez mais difíceis de sustentar.

Fazer uma leitura (e dar sentido) ao mundo real já é um grande desafio para a nossa cabeça. Mas há um fator que complexifica ainda mais a forma como consumimos informação hoje em dia: o efeito causado por uma cadência semântica completamente desconexa de conteúdo. O passeio pelas redes é errante, cindido, intermitente, uma fisionomia que lembra a estrutura psicótica esquizofrênica. São estímulos que vêm sempre em quantidade excessiva, que se antecipam em crescente aceleração, que se atropelam e nos atropelam ao competir por nossa atenção e engajamento.

Com isso, estamos condensando demais os tempos necessários para uma razoável elaboração interna dos nossos afetos, que, segundo a psicanálise lacaniana, são: 1) o instante de ver; 2) o tempo para compreender; e 3) o momento de concluir. Um tempo canibaliza o outro, e nossa mente paga o preço. Até porque, quando tudo se torna urgente, nada mais é urgente, e recorremos assim à dessensibilização, ao torpor da isenção emocional, à desafetação como método reativo de autoproteção. Naturalizamos os absurdos para preservar uma certa homeostase psíquica, porque o mais importante é jamais paralisar. Seguir o fluxo, curtir, interagir e ainda "manter a saúde mental". Como diz a autora Jia Tolentino, em *Falso espelho*,[11] a internet pode muito facilmente destruir o nosso senso de escala de importância das coisas, e, em função disso, teremos que fazer um esforço extra na nossa cabeça para organizar simbolicamente o que chamamos de realidade. E tomar bastante cuidado para não diminuir ou reprimir, com apenas um rolar dos dedos, tudo aquilo que deveria estar sendo colocado em palavras e em atos.

É aí que eu volto então à psicanálise e ao lugar que ela ocupa em um contexto de comunicação de massa descentralizada. No contexto analítico, quando um analista faz uma intervenção, pontua ou interpreta, está pretendendo construir em análise com aquele analisando. Isso é feito caso a caso. Um trabalho artesanal,

---

11 TOLENTINO, Jia. *Falso espelho*: reflexões sobre a autoilusão. São Paulo: Todavia, 2020.

sessão a sessão. Mas não se faz isso com uma base de seguidores. Não se faz isso por *streaming* ou *broadcasting*, com sujeitos marcados por diferentes histórias e diagnósticos, com seus próprios graus de sofrimento, em seus próprios estágios de análise ou familiaridade com as provocações do pensamento psicanalítico.

Um dia desses, vi o anúncio de uma live de "mentores e curadores de conteúdo" que prometiam "curar todos os seus traumas da pandemia". Que curva foi essa que viramos? Quando penso nesse tipo de fenômeno, dá até vontade de abandonar as redes, porque não gostaria de ser visto nessa mesma festa e ser confundido com essa turma. Isso me faz pensar que todo mundo tem o dever de fazer melhores reflexões sobre o impacto do que diz, promete e vende nas suas mídias pessoais/profissionais, pois o bom uso das redes deveria progredir com o tempo. Se tantos de nós nos percebemos e nos definimos como algum tipo de influenciador, vamos ter que bancar e suportar essa responsabilidade, que não é uma brincadeira de quem apenas aparece mais e faz mais barulho. Isso significa ter mais consciência de que as nossas palavras e produtos culturais têm desdobramentos reais, efeitos importantes para quem nos segue e nos escuta.

O que acho mais estimulante é que me parece que a psicanálise passou a habitar um espaço virtual que sempre foi, de algum modo, circunscrito mais pelo Imaginário do que pelo Real. Mas, então, será que um conteúdo teórico e instigante sobre psicanálise, com toda a sua carga simbólica, pode nos convocar a fazer um enfrentamento do Real? Creio que sim. E isso é benéfico para todo mundo o tempo todo? Não saberia dizer.

Existe uma zona da psicanálise, que muitos chamam de Clínica do Real, que, a meu entender, parece uma exacerbação do efeito que a análise provoca ao colocar o sujeito frente a frente com a crueza de alguns fatos e afetos. Nesse caso, não raro, o analisando é deixado intencionalmente em um estado de angústia e desamparo (o que pode se tornar um manejo bastante ineficaz e até mesmo cruel, segundo algumas linhas da psicanálise). É um pouco como aquela máxima sobre pais e mães que, de propósito, deixam a criança cair da bicicleta para que ela aprenda não apenas a andar, mas também a cair. Há modos e modos de fazer isso, mas a moral da história é que um pouco de susto e um pouco de dor não vão nos destruir e provavelmente nos ajudarão a acreditar na nossa própria força para nos levantarmos e seguir em frente. Sim, isso é sobre castração. Ou, como defende a psiquiatra dra. Anna Lembke em *Nação dopamina*:

> Temo que tenhamos higienizado demais e patologizado demais a infância, criando nossos filhos no equivalente a uma cela acolchoada, sem possibilidade de se machucarem, mas também sem meios para se preparar para o mundo. Ao protegermos nossas crianças da adversidade, será que fizemos com que morressem de medo dela?[12]

Talvez seja um efeito enviesado da minha bolha social, mas tenho a impressão de que estamos testemunhando uma virada na cultura digital no que diz respeito aos discursos e aos tons de voz que circulam hoje livremente pelas redes. Vejamos, por exemplo, como o termo "positividade tóxica" teve um aumento de 760% nas buscas segundo o Google Trends no ano de 2020. Quem diria que tomaríamos tanta consciência, coletivamente, de que mensagens tão positivas podem se tornar perigosas e opressivas? Os afetos que podemos qualificar como "negativos" sempre estiveram entre nós, mas hoje talvez eles estejam dando mais as caras, ganhando novas expressões na cultura de massa e promovendo discussões importantes.

---

12 LEMBKE, Anna. *Nação dopamina*: por que o excesso de prazer está nos deixando infelizes e o que podemos fazer para mudar. Belo Horizonte; São Paulo: Vestígio, 2022.

Falamos mais abertamente sobre vulnerabilidade. Sobre inveja e comparação. Sobre depressão e ansiedade. Sobre preconceito e discriminação. Fazemos textão. Críticas. Cancelamos. E também perdemos a mão fazendo tudo isso.

Podemos pensar em muitos fatores sociais, econômicos e políticos nos últimos anos que abriram terreno para esse fenômeno e que nos fizeram entrar com o peito mais aberto nessas áreas mais espinhosas da vida objetiva e subjetiva. E que, sim, nos incentivaram a fazer desse material também o nosso conteúdo pessoal ou profissional, a favor da nossa visibilidade, em prol do espetáculo, mesmo que não fosse sobre o retrato de uma vida perfeita com final feliz. Estamos mais dispostos a provocar algum tipo de desconforto no outro com a nossa história, com a nossa opinião, com a nossa visão de mundo, com o nosso desabafo sobre como isso ou aquilo faz a gente se sentir.

De certa forma, esse movimento pode alavancar um processo bastante benéfico de conscientização e desalienação. O professor Christian Dunker diz que "a positividade tóxica é um capítulo preliminar para o negacionismo".[13] Ou seja, limitar o nosso foco e a

---

13 *Como diferenciar otimismo e positividade tóxica em tempos de Covid-19.* Instituto de Psicologia da USP, 20 mar. 2021. Disponível em: https://

nossa fala exclusivamente a coisas belas e positivas é o caminho das pedras para a lógica do condomínio. É o esforço de tentar manter tudo que é negativo longe e distante, o que só acaba fazendo a gente se sentir muito pior (culpado ou derrotado) quando algum afeto negativo subitamente quebra o bloqueio e nos atravessa de surpresa.

Para posicionar a psicanálise e a nossa relação com a saúde mental nessa luta "do bem contra o mal", quero recorrer a uma resumida recapitulação histórica que aprendi no vídeo *O que é Psicologia Positiva?*, do psiquiatra e escritor Flávio Gikovate.[14]

Sabemos que, lá nos primórdios da história da psiquiatria, o sujeito em sofrimento psíquico era frequentemente tratado como louco. Nos casos mais graves, ele era torturado e aprisionado como um animal selvagem. Mais para a frente, no início do século 20, com o surgimento da psicanálise, a sociedade europeia (e, depois, uma boa parte do mundo) encontrou um caminho diferente para o tratamento do que seria então definido como uma neurose. Essa

---

www.ip.usp.br/site/noticia/como-diferenciar-otimismo-e-positividade--toxica-em-tempos-de-covid-19/. Acesso em: 13 out. 2022.
14 GIKOVATE, Flávio. *O que é Psicologia Positiva?* YouTube, [2016?]. Disponível em: https://www.youtube.com/watch?v=bSVKXrWHAK4. Acesso em: 13 out. 2022.

condição, mais comum e "normal" ao ser humano, provoca sintomas físicos e sofrimentos psíquicos, não necessariamente tão agudos quanto um episódio de surto, mas que definitivamente atrapalham o nosso cotidiano, as nossas relações e a nossa busca por felicidade. Ou, como assinala Freud, a neurose mal tratada compromete o bom andamento das duas principais tarefas que temos na vida: trabalhar e amar.

Depois disso, a dimensão do que se entende por saúde mental se ampliou bastante e continuou se expandindo ao longo do século 20, a partir de outras inúmeras novas abordagens teóricas e práticas da psiquiatria e psicologia. Nesse sentido, como lembra o filósofo Vladimir Safatle, em *Introdução a Jacques Lacan*, a psicanálise, diante de tantos novos concorrentes na praça, entrou em um período de desprestígio.

Segundo Safatle, a partir dos anos 1980, e principalmente depois da década de 1990, parecia consensual a noção de que a psicanálise entrara em "crise". Ultrapassada pelo avanço de novas gerações de antidepressivos, ansiolíticos, neurolépticos e afins, a psicanálise foi vista por muitos como uma prática terapêutica longa, cara, com resultados duvidosos e sem fundamentação epistemológica clara. Muitas vezes, psicanalistas foram descritos como irresponsáveis por não compreenderem, por exemplo, que patologias como ansiedade e depressão seriam resultados de distúrbios orgânicos e que nada teriam a ver com noções "fluidas" como "posição subjetiva frente ao desejo".[15]

Avançando ainda mais, para o início dos anos 2000, surge no continente norte-americano, alavancada pelo avanço farmacológico, uma corrente denominada Psicologia Positiva. Agora, o foco já não seria mais a identificação e o tratamento de doenças e transtornos psíquicos, mas a possibilidade de conquistar um "algo a mais". A promessa de um novo patamar de autoconhecimento capaz de nos ajudar a fazer uma positivação e otimização de todos os aspectos da nossa vida.

Existe aí uma progressão, na falta de uma palavra melhor, de abordagens que, sim, lutavam contra a negatividade do sofrimento — no sentido de "sair à força do buraco" ou de "tentar lidar melhor com esse buraco do qual é impossível sair" — para aquelas que colocam todo o foco em uma promessa de felicidade — "por que continuar no buraco se existe um mundo lindo aqui fora?". Parece tudo a mesma coisa, mas não é. Quem quer fazer uma profunda investigação sobre os seus grandes medos e incômodos? E quem quer uma

---

15 SAFATLE, Vladimir. *Introdução a Jacques Lacan*. São Paulo: Autêntica, 2017.

receita para ser mais leve e mais feliz? Sem dúvida, esse é um argumento de venda bem mais atraente para um maior número de pessoas. É, como se diz tanto hoje em dia, mais democrático. É uma embalagem aspiracional e "empoderadora" de saúde mental.

Foi assim que uma boa parcela da *positive mentality* se expandiu para outros conhecimentos e áreas da cultura e do mercado. Não apenas na psicoterapia, mas também na importância das atividades de relaxamento, de meditação, do pensamento afirmativo, das visões holísticas sobre bem-estar. Chegou à alimentação. Ao esporte. À espiritualidade. Tudo para nos levar mais longe, para alcançarmos mais na vida e desenvolvermos o máximo dos nossos potenciais. Mais, mais, mais. Acima de tudo, é sobre conquistar mais qualidade de vida e aprimorar o nosso Eu. Tudo muito encantador, se não estivéssemos intrinsicamente tomados por premissas neoliberais de performance e alto desempenho. Premissas que escorregam com facilidade não só para a positividade tóxica, mas também para noções duvidosas de meritocracia, e que reprimem, em larga escala, o fato de que a falta e a dor são constituintes do ser humano.

Uma das excelentes teses do filósofo Byung-Chul Han, apresentada em *Sociedade paliativa: a dor hoje*, é de que a dor, cada vez mais, é vista como um sinal de fraqueza na sociedade contemporânea.[16] Não seja triste. Seja *smart*. Supere uma crise com rapidez e aproveite-a como oportunidade para virar o jogo e voltar com tudo para a engrenagem social e a máquina do capital. Talvez por isso a psicanálise possa estar voltando a ser intrigante e mobilizadora para tantas pessoas, em um tempo em que estamos tão habituados a receber afagos no nosso ego. Ainda que ela seja difícil de entender e de experimentar, a sacudida parece que vem a calhar. E lá no fundo, no inconsciente coletivo e singular, sabemos disso.

Antes de encerrar este capítulo e correr o risco (sempre uma certeza) de ser mal compreendido, quero destacar que eu não acredito que a psicanálise seja exatamente apenas sobre "energias pesadas e negativas", mas sim, em seu cerne, sobre o amor e o cuidado com os bebês que ainda somos. É sobre Eros, que faz conexão, que nos autoriza a libido e o tesão. É sobre o princípio da realidade, mas é também sobre o princípio do prazer. É sobre pulsão de morte, mas também pulsão de vida. É sobre o processo civilizatório. É sobre o atravessamento dos traumas. É sobre fantasia e desejo. E tudo isso é muito bom.

---

16 HAN, Byung-Chul. *Sociedade paliativa*: a dor hoje. Petrópolis: Vozes, 2021.

PALAVRAS
EM ANÁLISE

Há um tipo de permeabilidade na psicanálise que acabei descobrindo um pouco mais tarde e que me fascina profundamente: a sua intersecção com o campo da comunicação no contexto contemporâneo. Quando criança, eu queria ser escritor, muito pelo incentivo de meu avô, Nilton, chegando a cogitar o curso de Letras, mas acabei escolhendo uma formação em Comunicação Social. Só depois é que entrei nos estudos da Psicologia e, eventualmente, no campo da Psicanálise. Tem alguma coisa sobre a fertilidade das palavras que me interessa intimamente, e a pergunta que tenho me feito ultimamente é: o que será que a psicanálise tem a nos dizer, e que deveríamos escutar, quando o assunto é "dizer e escutar"? Como ela pode atuar em um contexto atual que promove tanta hiperconexão e, ao mesmo tempo, uma sensação generalizada de solidão e uma espécie de crise de escuta?

A psicanálise se apoia inteiramente nas capacidades e incapacidades da fala e da escuta. Trata dos limites impostos pela linguagem. Produz hipóteses sobre os diferentes afetos e mecanismos psíquicos que circulam quando dois ou mais sujeitos se propõem a algum tipo de interação. Falar e escutar é também, coincidência ou não, exatamente o que compõe a dinâmica básica de um processo analítico. Mas, aí, sabemos que não se trata propriamente de uma conversa. É metodologia de trabalho. É *com isso* que trabalhamos e é também *assim* que trabalhamos. É técnica e também objeto de estudo.

A psicanálise, como define a professora e analista Michele Roman Faria, "é um tratamento cuja via é a linguagem, uma experiência que depende dos efeitos de uma intervenção que opera sobre a fala".[1] Tanto o percurso de estudo da psicanálise como o caminho de entrada em uma análise dizem respeito ao estudo de termos, enunciados, discursos, significantes.

---

1 ROMAN FARIA, Michele. *Real, simbólico e imaginário no ensino de Jacques Lacan*. São Paulo: Toro Editora, 2021 [Série Ensaios Psicanalíticos].

Os meus, os do outro, os de Freud e de todos que vieram depois dele. Acredito que a psicanálise nos dá estofo conceitual e repertório gramatical para abrir novas linhas de diálogo não só com analisandos, mas também com as pessoas em nossa vida. E quem sabe, através da experiência em contextos analíticos, podemos aprimorar a nossa sensibilidade e responsabilidade com nossa fala e nossa escuta. Com a fala e a escuta do outro. E até suportar melhor os silêncios.

CRISE DE ESCUTA

A escuta tem para nós um lugar central e que permeia tudo que interessa a um analista ou analisando. Talvez por isso, com o tempo, esse foi se tornando um tema tão sensível para mim, a ponto de começar a sintonizar a minha escuta na intenção de fazer escutas a respeito das escutas dos outros. Queria entender mais sobre as escutas das pessoas que me cercam e dos analistas com quem eu me correspondo, com o propósito de tentar escutar *o que* e *como* o outro escuta. Como se, com base em sua fala e seu silêncio, fosse possível deduzir algo sobre as suas condições de escuta e não escuta. Em parte, sei que tudo isso é suposição imaginária minha, mas creio que dá para fazer, com os devidos cuidados, alguns movimentos de "escuta a respeito da escuta do outro" que podem ser muito úteis para nos orientar nas nossas escolhas de socialização.

Acho curioso que, quando duas pessoas se conhecem pela primeira vez, é muito comum que, em poucos minutos, elas entrem em uma dinâmica comparativa em que uma parece ser a que gosta mais de falar, e a outra de escutar. E está tudo certo com relação a isso. Até porque, se ambos falarem ininterruptamente, provavelmente ninguém vai se escutar muito bem. E, se ambos ficarem fechados, encapsulados em seus silêncios e reflexões subjetivas, esse encontro tem pouquíssimas chances de acontecer. Alguma predominância de mais ou menos escuta de um dos lados pode ser um *match* interessante, ainda mais se a dupla conseguir, eventualmente, inverter um pouco essas posições. Também não acredito que uma boa escuta seja o mesmo que apenas ficar quieto e balançar a cabeça.

Seja como analista, seja como não analista, sabemos como é trabalhoso escutar o outro sem falar por cima, sem interferir na cadeia de significantes de quem está falando, sem querer aproveitar aquela interação para, de algum jeito, exibir e fortalecer o nosso Eu, o que se dá pelas nossas palavras. É com elas que comunicamos as nossas ideias, nossa sabedoria, nossa ponto de vista, nossa criatividade e até mesmo o nosso apoio e amor. Quando alguém, por exemplo, está se abrindo sobre o seu sofrimento, nós buscamos brechas na fala do outro para lhe confortar, dizendo: "Vai ficar tudo bem". O problema é que, por mais bem-intencionado que esse comportamento se proponha a ser, raramente nos damos conta de que também pode ser uma forma de reprimir a fala e o sofrimento do outro. Dependendo do tom que usamos e do calibre da nossa escuta, pode ser um jeito disfarçado de dizer: "Vai ficar tudo bem... E você já pode parar de falar sobre isso. Pode parar de chorar também. Não temos muito tempo para isso. Vamos apressar essa cura. Comprimir esse luto. Superar e seguir em frente". E assim o outro recalca, porque não houve elaboração, porque não houve escuta.

No meio desse imbróglio, há um conceito que, nos últimos anos, se consolidou como uma espécie de santo graal da escuta, principalmente entre os meios mais progressistas. A tal da empatia. Não é surpresa que o termo tenha caído nas graças da cultura popular. Palestras, publicações e textões adaptam a empatia para temas como cidadania, diversidade, autoajuda, RH, marketing. Surgem os consultores em empatia.

Sim, eles existem. Esse fenômeno pode ser lido como uma resposta à necessidade emergente da sociedade de escutar mais e melhor e, de algum jeito, reconquistar uma sensibilidade perdida na relação com o outro. Ou ainda, para não romantizarmos um passado que nunca ocorreu, talvez seja sobre conquistar uma sensibilidade que na verdade nunca tivemos, mas que desejamos e da qual precisamos.

Evidentemente, eu me posiciono a favor dessa virtude tão civilizatória e humanitária. Seria impossível me dedicar à clínica e aos cuidados terapêuticos sem reconhecer em mim mesmo uma boa dose de predisposição à empatia. No texto *Sobre o início do tratamento*,[2] Freud correlaciona a empatia com a transferência positiva, uma condição necessária para iniciar e sustentar um processo de análise. O ponto que acho pertinente destacar, no entanto, é que a empatia é um ideal, e costumamos nos esquecer de que todo ideal é, em si, inatingível e pode se tornar perigoso se for tomado como realidade. O ponto míope na proposta da empatia é que afirmar "eu sei o que você sente" é uma maneira, intencional ou não, de calar o sujeito que sente. É dizer ao outro que nada mais precisa ser dito, como se não

---

2 FREUD, Sigmund. *Sobre o início do tratamento*, 1913.

houvesse mais diferença entre esses dois sujeitos. Como se fossem um só. E, sem alteridade, não há mais nenhuma necessidade de conversa, nem troca, nem conexão. Só fica a ilusão de que estamos um dentro da mente e do corpo do outro. Tal qual numa relação psicótica ou de apaixonamento.

Essa confluência é Imaginária, se faz necessária e nos conforta em muitos momentos. Mas não dá para ignorar que sempre restará um Real, latente e impossível de ser simbolizado, que queima apenas dentro de cada sujeito e em mais nenhum outro lugar. Podemos escutar, imaginar, investir no apoio, na solidariedade, fazer o corre e oferecer colo, consolo e um ombro amigo. Podemos e devemos nos esforçar para estarmos sensíveis e abertos ao outro. Ainda assim, também nos enganamos achando que, no fim do dia, conseguimos nos colocar no seu lugar. O fato é que não vivemos a realidade do outro, não importa quantos aparelhos de realidade virtual a gente use.

Além disso, as releituras culturais a respeito da empatia são artifícios que operam muito bem a favor da lógica neoliberal, e isso merece a nossa atenção. Atravessada pelos princípios mercadológicos, a empatia se tornou um sinônimo de "ouvir as pessoas no seu papel de consumidor", alocando-as no centro das atenções das instituições e corporações. Não é raro encontrar figurões da indústria como Jeff Bezos, CEO da Amazon, proclamando que: "Temos uma obsessão pelo nosso consumidor. O nosso ponto de partida é sempre a sua necessidade. Depois, trabalhamos de trás para a frente para atendê-lo".[3] Em meio a toda essa euforia supostamente altruísta de colocar o outro como prioridade e foco da toda a nossa atenção e consideração, o professor Christian Dunker faz uma observação que tenta desvelar o outro lado dessa moeda:

> Freud caminha ao lado de Adam Smith, ao reconhecer no altruísmo uma reversão e um retorno disfarçado do egoísmo, mas também de Marcel Mauss, que entendia os processos sociais com base nas inexoráveis leis da troca, retribuição e doação. Ou seja, nada de sentimento genuíno e desinteressado de auxílio e colaboração, mas amor de si disfarçado em ajuda e devoção ao outro.[4]

---

[3] AKULA, Vasudeva. *Learn from the Best: Jeff Bezos on Customer Obsession*. LinkedIn. Mountain View, 5 fev. 2021. Disponível em: https://www.linkedin.com/pulse/learn-from-best-jeff-bezos-customer-obsession-vasudeva-akula-ph-d-/. Acesso em: 31 out. 2022.
[4] DUNKER, Christian. *Reinvenção da intimidade*: políticas do sofrimento cotidiano. São Paulo: Ubu Editora, 2017.

Talvez por isso a promessa da empatia tenha se tornado uma grande tendência e uma oportunidade de evolução para o mercado. Por oportunismo ou correção de rota, ela é enaltecida como uma responsabilidade para o futuro das empresas e das políticas públicas. Diversidade e inclusão de minorias sociais entraram de forma massiva na pauta das iniciativas corporativas, no branding e na comunicação. É o que acontece, por exemplo, quando uma marca de cerveja tenta limpar o seu *bad karma* ao decidir apoiar causas e movimentos feministas ou, em outras leituras mais críticas, apropriar-se destes.

Mas, tal qual na clínica, cada caso é um caso. De forma geral, por muito tempo no mundo "desencantado" do marketing, marcas e empresas usaram o microfone e seu alcance para falar basicamente de si e se promover. Por pressão ou esperteza, viraram o espelho e começaram a falar em nome do outro — daquele que casualmente necessita de mais luz no palco, que carece de voz e representatividade, apesar de toda a sua potência. Mas acolhimento e empoderamento (outro conceito polêmico do nosso tempo) também podem reforçar um suposto senso de superioridade de quem acolhe e empodera. É como a igreja, que recebe sempre de portas abertas, mas cobra com fé cega e devoção exclusiva, sem falar do dízimo.

Mas não sejamos injustos com o conceito de empatia. A proposta de uma escuta mais empática é obviamente muito necessária e bem-vinda no nosso tempo, no qual o encasulamento da mobilidade digital comprometeu diversos aspectos da interação social. Um tempo em que a cultura das grandes metrópoles despessoalizou o convívio e empobreceu as noções de intimidade e, ainda por cima, empacotou o estilo de vida individualista como algo aspiracional. A conquista de uma escuta mais empática pode nos trazer um alento: a lembrança de que ainda somos humanos, e não máquinas, e de que, apesar de todas as crises políticas, econômicas, ambientais e ideológicas, ainda nos preocupamos uns com os outros. Ainda estamos aqui uns para os outros. Ninguém solta a mão de ninguém.

O grande embaraço na tentativa de uma comunicação verdadeiramente empática é que talvez não haja muito que realmente possa ser dito sem que a gente roube um lugar de fala que não é nosso. Há uma famosa fala da professora de pesquisa Brené Brown segundo a qual o melhor que o sujeito empático pode dizer ao outro é algo como: "Estou ouvindo você. Sinto muito. Você não está sozinho".[5] São frases que parecem entregar muito pouco, que não nos dão nenhuma solução, mas que talvez representem um limite a ser respeitado, pelo menos em um primeiro momento. É suportar escutar sobre a dor alheia sem deslegitimar ou tentar prontamente anestesiar esse sentimento. Isso já é bastante coisa.

E o que acontece quando pensamos nessas investidas de socialização em um espectro mais aberto e coletivo, em um contexto de comunicação descentralizada? Na cultura atual, parece que vivemos duas experiências bastante contraditórias a respeito da escuta, como se intercalássemos duas sensações diametralmente opostas: a de que todos hoje em dia, de algum jeito, podem nos escutar; e também a de que ninguém está nos escutando de verdade. De um lado, nossos aparelhos eletrônicos e as empresas de dados estão atentos a praticamente tudo que falamos e escrevemos, tentando decifrar e comercializar o nosso desejo. Mas essas escutas colaboram de alguma forma para a nossa subjetividade? Ou estão apenas produtificando a nossa fala e o

---

5 RSA. *The Power of Vulnerability – Brené Brown (2013)*. YouTube, 2013. Disponível em: https://www.youtube.com/watch?v=sXSjc-pbXk4. Acesso em: 17 nov. 2022.

nosso *self*? Para completar o quadro, muitos de nós ocupamos ativamente um lugar nas mídias sociais, no qual falamos continuamente para uma audiência, com chances de ampliar exponencialmente nosso alcance e influência. Mas será que todo esse aparato é suficiente para que, no fim do dia, a gente se sinta escutado?

Nesse sentido, escutar o tempo todo pode ser o mesmo que não escutar nunca. Como se essa escuta ininterrupta da hiperconexão fosse também uma escuta chapada e dessensibilizada. O espaço aberto da rede, em suas lógicas da publicação, *streaming* e transmissão, faz com que muitas vezes tenhamos escutas medíocres e triviais do outro. Até porque a gente nem sabe se aquilo que está sendo dito está, de alguma forma, endereçado a nós ou se está ali para qualquer um que se proponha a interagir — só para viralizar. É um pouco como se estivéssemos falando sozinhos para multidões. Fazendo de conta que estamos nos destinando a muitos pequenos outros, mas não estamos. Estamos só pensando alto, em uma vitrine pública. Tentando aparecer para não desaparecer, diante de tantos que passam, rapidamente, distraídos e desatentos à nossa frente.

Por isso, creio que vale um questionamento sobre a natureza dessas falas. Será que tantos enunciados que não são endereçados a alguém em específico não viram simplesmente um monte de barulho? Ainda mais com tanta autodivulgação e publicidade de si mesmo, que é a forma como geralmente ocupamos esses lugares. Facilmente somos tragados por uma vibração de escassez e competitividade. É bem possível que esses ruídos todos estejam afetando a nossa audição subjetiva, prejudicando a nossa capacidade de escutar o outro e a nós mesmos enquanto falamos. A tese do filósofo Byung-Chul Han é de que vivemos uma época de comunicação sem comunidade.[6] Um clima que é mais sobre mostração, comparação e jogos fálicos de inveja do que necessariamente sobre a criação e o fortalecimento de vínculos.

Mas, no fazer da clínica psicanalítica, vai ser fundamental estabelecer um vínculo, e a noção de empatia aqui divide opiniões. São muitos termos que usamos nesse debate, na busca por um ponto médio de sensatez. Escuta neutra, isso existe? E escuta sem julgamento? O que é abstinência e o que é desafeto? A possibilidade de se solidarizar, se sensibilizar e acolher o sofrimento do analisando nos ajuda a compreender as origens da sua dor? O que é uma resposta

---

6 HAN, Byung-Chul. *O desaparecimento dos rituais*: uma topologia do presente. Petrópolis: Vozes, 2021.

emocional contornável e o que é inevitável, por parte do analista? O analista deve se conter e segurar o seu próprio choro em uma sessão emocionante?

No contexto atual, em um mundo onde cultivar e explicitar a nossa capacidade de empatia parece ter se tornado um dever cívico e social, a suposta frieza e impessoalidade da escola francesa de psicanálise parece até fora de moda. O *blasé* ficou *démodé*. Já a escola inglesa, pela abordagem kleiniana de identificação projetiva, propõe que o analista possa fazer um bom uso de sua identificação com os sentimentos do paciente e, inclusive, colaborar na organização e nomeação desses afetos para facilitar a sua elaboração e ressignificação, que precisa acontecer fundamentalmente pelo próprio analisando.

A tese de muitos analistas é que se manter apático diante do sofrimento do analisando é uma perigosa manobra que pode inclusive reforçar os seus traumas. O legado ferencziano já levantava a bandeira do tato psicológico em *Elasticidade da técnica psicanalítica*,[7] que Daniel Kupermann desenvolve, bem mais recentemente, em *Estilos do cuidado: a psicanálise e o traumático*.[8]

---

7 FERENCZI, Sándor. *Elasticidade da técnica psicanalítica*, 1928.
8 KUPERMANN, Daniel. *Estilos do cuidado*: a psicanálise e o traumático. São Paulo: Zagodoni Editora, 2017.

A aposta na capacidade empática como fundamento para a prática clínica também é amplamente defendida pelo psicanalista Claudio Waks, na própria definição de seu seminário *Empatia e clínica psicanalítica contemporânea – aspectos históricos, filosóficos e técnicos*. Ele a define como uma

> disponibilidade humana para funcionar como suporte de demandas afetivas, um deixar-se afetar e interpelar pelo *pathos* do outro no que este tem de enigmático, desmesurado e incomensurável. O cultivo dessa disposição subjetiva é um aspecto essencial na formação do analista e um dos elementos fundamentais de toda cura.[9]

"Como o outro faz eu me sentir" é algo, portanto, que o analista jamais pode ignorar e colocar para baixo do tapete. Por outro lado, sempre que percebemos que estamos "entrando no *pathos* do outro", faz-se necessário um sobreaviso a respeito do nosso

---

9 *Seminário de curta duração:* Empatia e clínica psicanalítica contemporânea – aspectos históricos, filosóficos e técnicos. Centro de Estudos Psicanalíticos (CEP), 2017. Disponível em: https://centropsicanalise.com.br/curso/seminario-de-curta-duracao-empatia-e-clinica-psicanalitica-contemporanea-aspectos-historicos-filosoficos-e-tecnicos/. Acesso em: 13 out. 2022.

sentir, nosso agir e nosso reagir, pois isso também fala bastante das nossas próprias questões. Como o analisando faz a gente se sentir é material não só para supervisão, mas também para nossa análise pessoal. Caso contrário, a empatia também pode se tornar uma forma bastante prejudicial de resistência do analista.

Não há como sabermos tudo que o outro pensa e sente, assim como não há como sabermos do que o outro precisa. Enquanto isso, podemos seguir evitando essa espécie de "empatismo", "empatite" ou "empatose", que nos faz acreditar que também podemos ocupar aquele lugar que não nos pertence, traduzindo, distorcendo e limitando a realidade do outro à nossa própria interpretação. Se existe uma empatia menos delirante e narcisista é a que exige a aceitação de que não ocupamos nenhum lugar no mundo além do nosso, mas que isso, de forma alguma, deveria excluir o nosso interesse e afeto pelo outro.

A GARGANTA QUE PENSA

O provérbio clássico de Pitágoras diz assim: "Escuta e serás sábio. O começo da sabedoria é o silêncio". De um jeito mais literal, é aquele ditado que diz que temos dois ouvidos e apenas uma boca. Mas há outras camadas que devemos adicionar a essas defesas da escuta e do silêncio. Mesmo sabendo que a escuta é uma competência imprescindível para o processo de civilização (e para a desejada humanização dessa civilização), não podemos simplesmente colocar a escuta como uma habilidade humana superior ou mais virtuosa do que a fala. Escutar é difícil, mas falar também é, especialmente se pretendemos chegar a uma fala que vá além da falação. Sobre isso, falaremos mais adiante.

Há algo de muito desafiador, em nossas interações tanto pessoais como analíticas, que não é apenas sobre se sentir escutado e aprimorar a nossa predisposição para realizar uma boa escuta, mas também sobre conseguir falar "o melhor possível", o que implica muitas vezes não falar muito. Não falar demais. Aprender a falar leva tempo, e não é um processo que deveríamos considerar encerrado na primeira infância. Assim como a gente amadurece a escuta, também amadurece a fala. Falar não é só botar para fora, mas também botar para dentro. É a grande chance que temos de simbolizar o Real que nos invade e o Imaginário que nos ilude.

E, aqui, faço um breve desabafo pessoal: eu não sei você, querido leitor ou leitora, mas para mim foram incontáveis as vezes na vida em que deixei de falar alguma coisa que talvez devesse ter falado. Deixei de falar por medo de falar errado ou falar bobagem. Por insegurança a respeito do meu suposto conhecimento. Por timidez. Por não ter certeza exatamente do que eu ia dizer até começar a falar. Pela certeza de que seria mal compreendido. Por não querer desagradar. Pelo risco de perder alguma coisa que eu tinha conquistado a duras penas. Por achar que não era a hora ou o interlocutor certos. Por covardia. Por pudor e tantos outros motivos com bases bem neuróticas. Tudo isso ainda acontece comigo, mas o caminho percorrido até aqui e o espaço seguro que construí em análise para conseguir escutar a mim mesmo me deixaram não totalmente livre, mas pelo menos mais desimpedido para falar.

Sabemos como é importante medir bem as palavras. Pensar duas vezes antes de falar. Mas sabemos também que a régua que usamos para essa medição é bastante ambígua e imprecisa. Como se costuma dizer, a palavra é metade de quem fala e metade de quem escuta. E você pode até saber o que você disse (mais ou menos, né, Lacan?), mas não tem como você saber o que o outro escutou. Nesse sentido, o mais surpreendente da fala é que ela sempre comunica muito menos e muito mais do que a gente pretende comunicar. A linguagem faz um recorte do Real. Algo sobra. Algo falta. E é *isso* que mais nos interessa. Para os mais versados e eloquentes, a fala até consegue expor muito daquilo que sabemos que queremos expor. Ao mesmo tempo, ela nunca abarca tudo que ocupa a nossa cabeça, nem tudo aquilo que poderia ser dito. Falar é tentar dizer, mas é também tentar esconder. É deixar escapar coisas que não sabíamos ou não queríamos ter comunicado. É falar sem querer. É falar *isso* ou aquilo, porque, inconscientemente, queríamos falar *isso* ou aquilo, ainda que não soubéssemos *disso* ou daquilo. O sujeito sempre fala mais do que sabe. Afinal, como aprendemos com o legado lacaniano, o inconsciente é, ele próprio, estruturado como linguagem.

> Não apreendemos o inconsciente senão em sua explicação, no que dele é articulado que passa em palavras. É daí que temos o direito [...] de nos darmos conta de que esse inconsciente não tem, ele mesmo, afinal, outra estrutura senão uma estrutura de linguagem.[10]

---

10 LACAN, Jacques. *Seminário 7*, 1959.

Por isso, a fala é a melhor ferramenta que temos para sair de nós mesmos e perceber que não somos assim tão autoconscientes. É a chance de fazermos uma rotação simbólica toda vez que abrimos a boca e realizar um reencontro não só com o outro, mas também com o nosso sujeito do inconsciente. A psicanálise, em sua essência, é sobre isso. Nasceu da ideia de "cura pela fala", termo mais ou menos batizado por Anna O., paciente de Freud que o mandou ficar quieto e somente escutar o que ela tinha para dizer. Essa foi uma virada importante da práxis médica do então neurologista para um novo papel e uma nova posição perante os seus pacientes: a posição de analista. Analista enquanto detentor de um vasto conhecimento teórico e que, como um médico bem formado e instruído, tem, sim, muito a dizer para seus pacientes. Mas, como analistas, nos colocamos, acima de tudo, a serviço do espaço de escuta do outro. Não diz respeito ao que temos para dizer, mas a uma escuta especial, polifônica, como define Luís Claudio Figueiredo, em *A mente do analista*. Uma escuta "que nos dê acesso às diversas dimensões inconscientes do paciente, de nós mesmos, do campo analisante e dessa entidade que se forma pelo entrecruzamento dos inconscientes que nesse campo habitam".[11]

---

11 FIGUEIREDO, Luís Claudio. *A mente do analista*. 3. ed. ampl. São Paulo: Editora Escuta, 2022.

Lacan retoma a filosofia de Heidegger para pensar na oposição entre o que seria uma fala vazia e uma fala plena. A fala vazia seria a nossa insistência na inércia. É ocupar uma mesma posição na cadeia de significantes, como uma maldita repetição sintomática. É a falação que só cansa o nosso ouvido e que nos faz performar conversas no lugar de realizar interações significativas. É a queixa desimplicada do analisando que culpa todos os outros no mundo por absolutamente todos os problemas na sua vida. Mas como sair da verborragia da palavra vazia para encarar a grandiosidade da palavra plena? Que, diga-se de passagem, é a palavra que interessa a um processo de análise. É a palavra que interessa à vida, porque está intimamente conectada aos nossos afetos e porque efetivamente produz transformações em quem fala e em quem escuta.

Quando digo que a palavra cheia produz transformações, refiro-me a uma mudança subjetiva de lugar. A mudança de alguma coisa dentro de nós. Engana-se profundamente quem pressupõe que essa fala cheia é uma fala marcada pelo hiperutilitarismo e pela praticidade, ou pela necessidade de ineditismo e originalidade, ou mesmo por um senso de sabedoria e inteligência. A palavra cheia não é necessariamente útil, nem inédita, nem inteligente. Mas há algo nela que é bastante especial, porque ela vem de um lugar tão vital e profundo que nos permite reconectar as dimensões do concreto e do abstrato de um jeito que ainda não tínhamos realizado apenas com nossos pensamentos.

Então, o que falar em uma análise? "Não aconteceu nada de interessante esta semana comigo" ou "Hoje foi só mais um dia como todos os outros": todo analisando eventualmente escorrega para esse limbo e fica tentando atingir um ideal imaginário de uma vida que seria interessante de ser contada, escutada e analisada. Para levar à análise, buscamos os grandes enredos, os dramas, as reviravoltas. Essa ideia de que o trauma é algo sempre drástico e terrível. Mas nem sempre é assim, e não precisa ser. A nossa vida cotidiana está cheia de especificidades e detalhes supostamente insignificantes, mas que não poderiam ser mais significativos pelo simples fato de que são nossos e de mais ninguém. Apenas nós podemos falar sobre eles com propriedade, então não deveríamos deixar que passassem despercebidos.

Em geral, a cultura contemporânea nos convoca a menosprezar a potência dos devaneios e da fala associativa supostamente desconexa que faz a gente divagar e se perder de nós mesmos. A fala cheia não tem relação com falar de forma direta e objetiva ou decorar o dicionário para tentar falar bonito. O erudito também pode sofrer de dissociação cognitiva e não *ser* aquilo que diz, nem viver aquilo que sabe. A fala cheia tem relação com conseguir falar a partir do seu próprio lugar e chegar a novos lugares a partir da própria fala. Isso nos torna sujeitos no sentido de pronome pessoal e também no sentido de pronome do sujeito. Sim, somos sujeitos, mas estamos sujeitos à linguagem, e, na equação do inconsciente, é bem possível que muitas vezes ocupemos a posição de objeto. Objeto de tudo que a nossa linguagem não dá conta.

Fala-se muito sobre o poder da fala no exercício da psicanálise, mas também faríamos bem em falarmos (e escrevermos) mais sobre o poder da escrita. A analista Bárbara Fleury Curado recentemente fez isso em *Ensaios de uma psicanálise*, provando que, "como Gagnebin afirma, escrevemos para resistir à morte, resistir ao apagamento de nossas próprias vidas. [...] A escrita é este constante exercício de bordear a memória".[12] Ou ainda, como diria o grande crítico literário Roland Barthes, "a escrita é

---

12 FLEURY CURADO, Bárbara. *Ensaios de uma psicanálise*. São Paulo: Dialética Editora, 2022.

precisamente esse compromisso entre uma liberdade e uma lembrança".[13]

Nesse sentido, me parece muito curioso que o livro *O caminho do artista*, da autora Julia Cameron,[14] apesar de ser uma publicação dos anos 1990, de vez em quando volta a conquistar um certo *hype* de popularidade. O exercício que a jornalista propõe parece ser muito simples: escrever, todas as manhãs, três páginas completas de puro fluxo de consciência. Um hábito que, ao primeiro olhar, não faz nenhum sentido em uma rotina tão apressada, em um contexto capitalista tão competitivo como o que vivemos. Mas é por isso que essa prática pode ser tão frutífera. Quando escrevemos a escrita de si e escolhemos palavras para além das demandas sociais e profissionais, com todos os seus pedidos e cobranças, um mundo estranhamente familiar se revela à nossa frente, talvez mais conectado ao nosso íntimo e ao nosso desejo. A escrita livre no diário particular não deixa de ser uma excelente preliminar para a entrada em análise.

Tenho presenciado, pelo menos no meu espectro social, um número cada vez maior de pessoas

---

13 BARTHES, Roland. *O grau zero da escrita*. Porto: Edições 70, 2006.
14 CAMERON, Julia. *O caminho do artista*: desperte o seu potencial criativo e rompa bloqueios. Rio de Janeiro: Sextante, 2017.

buscando reconhecer e se familiarizar melhor com a sua subjetividade, fazendo uso de tecnologias de subjetivação tão simples quanto esta: escrever tudo o que lhe vier à mente. A psicanálise se enquadra muito bem aqui. Ela poderia, inclusive, nos inspirar a reinventar formas de falar e escutar que não estivessem tão comprometidas por essas linhas cruzadas, pelas vozes simultâneas de tanta gente, falando tanta coisa, para tantos outros, em tão pouco tempo. Nesse sentido, é como se a análise pudesse nos ajudar a habitar novas ilhas de autoescuta em um oceano de ruídos. Um pouco de continente e continência para a nossa gritaria, para a nossa ansiedade. Até porque não faltam evidências científicas de que o nosso pobre cérebro está sofrendo para se adaptar à histeria digital dos novos tempos.

Falando em cérebros comprometidos, certa vez um paciente esquizofrênico, sem família, acusado de homicídio, internado/preso/abandonado em uma instituição psiquiátrica, me disse, em uma de nossas sessões, que "o seu cérebro estava morto". Disse que a sua mente estava vazia, mas a sua garganta, não. Segundo ele, ele tinha "uma garganta que pensa". Essa metaforização delirante de um sujeito psicótico, apesar de todo o pesar do seu sofrimento, foi determinante para me fazer acreditar ainda mais na fala como um dispositivo reorganizador da nossa confusão interna.

Como visualiza o psicanalista e psiquiatra J.-D. Nasio, "a matéria emocional desprovida de sua amarra significante transforma-se numa bola de fogo desenfreada no inconsciente".[15] Então, a gente vai ter que conseguir dar algum destino para essa bola de fogo, e faremos isso pela percepção e reconstrução dos sentidos presentes na nossa cadeia de significantes. O que temos a dizer sobre o mal impronunciável que nos aflige? Como vai dar para falarmos dele? Qual é o glossário que estrutura o nosso psiquismo e, por consequência, os nossos afetos e sentimentos? Essas questões me interpelam todos os dias, porque tenho a convicção de que muita coisa pode sair daí.

PSI-LÉXICO

A essa altura aqui da nossa breve incursão no campo da comunicação e da fala, já entendemos que, se queremos intuir alguma coisa a respeito do

---

15 NASIO, Juan-David. *Por que repetimos os mesmos erros*. Rio de Janeiro: Zahar, 2013.

funcionamento do nosso aparelho psíquico, precisamos considerar a primazia da linguagem sobre o Eu. Por isso, penso que, se queremos entender por que agimos como agimos ou sofremos como sofremos, devemos 1) entender que a linguagem nos morde antes mesmo de falarmos; 2) tentar um esforço de leitura de posições discursivas mais do que apenas uma decifração semântica; e 3) reconhecer que as palavras não são abstrações absolutas, elas têm a sua materialidade, provocam alterações físicas no nosso corpo, reações químicas, descargas energéticas.

O inconsciente é formado por pensamentos, e estes só podem ser expressos por meio de significantes, que são as unidades mínimas do registro Simbólico. Quando nos pronunciamos, revelamos por meio de enunciados e enunciações o que existe e resiste em nosso ecossistema simbólico. Construímos uma vida inteira com base nessas matrizes e recorremos a elas para operar e transitar no Real e no Imaginário. O campo da saúde mental é, portanto, necessariamente o campo da linguagem, pois é *no limiar do silêncio e da letra*, como diria o título do livro da Maria Homem,[16] que estamos psiquicamente aprisionados.

---

16 HOMEM, Maria. *No limiar do silêncio e da letra*: traços da autoria em Clarice Lispector. São Paulo: Boitempo/Edusp, 2012.

O mais intrigante é que, também a partir desse limiar, podemos exercitar alguma liberdade psíquica e emocional. Só se sente realmente livre quem já esteve confinado, então também é sobre experimentar o confinamento. Pela palavra, copiamos e reproduzimos discursos sociais, culturais e parentais. Mas a partir da palavra também podemos subverter alguma (ou muita) coisa desses discursos e produzir transformações subjetivas e, com isso, objetivas também. Mesmo que exista uma grade estrutural que nos oriente e nos limite, nunca estamos restritos a arranjos completamente fixos. Os sentidos deslizam, e as palavras têm a sua plasticidade, porque elas não estão só no dicionário mas também nas nossas cabeças. Sendo assim, convém tomarmos bastante cuidado com relação ao terreno linguístico por onde andamos pisando. É sobre analisar com que matéria-prima estamos construindo o nosso edifício de significantes.

Cada um de nós detém um repertório singular de signos. Segundo o linguista Saussure, o signo designa a soma de um conceito com uma imagem acústica, que Lacan vai pensar depois como significado e significante, respectivamente. O signo traz em si um peso, uma densidade, uma história, uma perspectiva sobre quem somos e como enxergamos o mundo. Por exemplo, jamais conseguiremos ser antirracistas se não abominarmos o uso de termos que têm uma origem e uma conotação racista que simplesmente ignoramos e recalcamos. A linguagem reflete o que é estrutural e inconsciente na sociedade. Ela não fala só das coisas, mas também de nós.

No Seminário 1, Lacan adverte que "a linguagem, antes de significar algo, significa para alguém".[17] Ou seja, por mais que a gente compartilhe o uso de uma mesma língua formal, com todos os seus sotaques e gírias informais, temos também a nossa própria gramática pessoal, que é a forma que cada um encontrou para se subjetivar no mundo. No fim, tudo passa pela escolha de significantes. Ou será que são eles que nos escolhem?

Somos as palavras que usamos para falar e pensar. Somos os enunciados que repetimos há não sei quantos anos sobre os mais variados assuntos e pessoas. Como esperamos mudar de vida se não mudamos as palavras que usamos para falar de nós mesmos e das coisas que acontecem com a gente? Essa investigação dos termos que estão incrustados, como tesouros, no

---

17 LACAN, Jacques. *O Seminário, livro 1*: os escritos técnicos de Freud. Rio de Janeiro: Zahar, 1986.

nosso psiquismo nos faz identificar os discursos que talvez estejam agenciando a nossa vida. Quais significantes estão travando o nosso movimento libidinal e basicamente só produzindo entulho mental? A linguagem exige algum tipo de manutenção. Michel Bréal, o pai da semântica moderna, diz que as palavras são como vidraças que devem ser polidas e lustradas. Caso contrário, em vez de revelar as coisas, elas as obscurecem.

Só que o campo da comunicação mudou drasticamente de uns anos pra cá. A cultura se tornou massivamente mais imagética, imediata, literal e sensorial, e isso talvez esteja comprometendo a nossa capacidade de nomeação e renomeação. Em dias mais pessimistas, eu sinto como se vivêssemos uma espécie de epidemia da miséria gramatical. Enxergo isso no meu entorno, nas pesquisas que realizo e na minha própria vida. Uma espécie de privação simbólica que não deixa a gente elaborar muita coisa de um jeito que seja efetivamente transformador para cada um de nós. Mesmo com tanta informação, será que estamos necessariamente ampliando e renovando o nosso repertório simbólico? Em geral, a forma como consumimos informação, hoje em dia, nos convida a aprofundar menos e a saturar mais. Consumir até se sentir consumido.

Analisar aquilo que escutamos (e aquilo que dizemos) parece ser uma tarefa bastante complexa. Por isso, acredito que o melhor é simplesmente começar de qualquer lugar e encarar esse desafio com algum grau de leveza, prazer e até diversão. Também é sobre se permitir brincar com as palavras. Poetizar. Soltar e se desgarrar das normas. Falar errado. Formular novos termos. A língua é nossa e também de cada um, e algo sempre se revela na criação dos neologismos, nos trocadilhos e nos jogos homofônicos que nos remetem a uma coisa, mas que não são exatamente aquela coisa. A linguagem é sobre isso. É poder conceber termos que aglutinam duas ou mais coisas em uma só e revelam os epicentros das tensões que vivemos internamente. É escutar as nossas próprias contradições sem nenhuma garantia de que sabemos exatamente o que estamos falando, assim como não sabemos exatamente tudo que desejamos. Toda essa criatividade léxica é como um suplemento multivitamínico para o nosso psiquismo. A saúde mental agradece.

Esse desafio é nosso, e a fala na análise pode ajudar. Até porque a cultura também nem sempre ajuda. A linguagem, apesar dos dicionários e das regras gramaticais, está viva e descontrolada, não tem um dono. Isso faz com que signos importantes e caros a nós sejam ocasionalmente corrompidos por interesses ideológicos, pelo mercado, por religiões, pela mídia e por figuras públicas que deturpam e esvaziam as relações entre significado e significante. Relações que nunca foram fixas, mas que às vezes se rompem. E aí, precisamos de novos termos.

Nos últimos anos, por exemplo, muitos de nós pegamos um grande ranço com o termo "gratidão". O que era algo lindo e nobre se tornou uma espécie de sinônimo de privilégio e alienação. Certo, é interessante essa crítica... mas agora parece que ficou mais difícil praticar essa virtude. Viramos grandes ingratos então? O que pode vir de novo para resolver esse impasse? Afinal, precisamos das palavras para articular o que estamos sentindo, o que desejamos sentir e o que temos a oferecer para os outros e para o mundo.

Voltando ao enquadre clínico, a regra analítica de Descartes diz que devemos dividir o nosso problema no maior número possível de partes para melhor resolvê-lo. É nessa pesquisa sobre si mesmo que cabe ao analisando se observar, se decompor e se recompor em suas próprias marcas e ruínas. É dividir o que falamos para reconhecer todos os pedaços, ou quase todos. É entrar no detalhe, identificar os afetos envolvidos e, com isso, dar nome ao que ainda não sabíamos como chamar, porque nem sabíamos que estava ali. Depois disso, podemos até, quem sabe, mexer algumas peças de lugar. Algumas mexemos mais rápido, outras resistem. Chegaremos lá.

A análise é, portanto, um dos lugares mais apropriados para se questionar a respeito das palavras (ou, ainda, significantes) que usamos. Refletir também sobre como elas nos usam. É lá que, com um profissional preparado para isso, podemos parar não só para escutar o que queríamos dizer, mas também o que a nossa fala efetivamente diz. Essa é a função da escansão, o tão temido corte lacaniano. É indicar ao analisando que saiu da falação que é hora de se escutar. É traçar um sublinhado na cadeia de significantes que se revelou na sua fala para que a associação possa acontecer também após a sessão. Entre sessões.

A nossa maior esperança é de que a elaboração possa dar outro destino à repetição. Possa ressignificar, preencher, esvaziar. Transformar alguma coisa nas nossas ideias, nossos medos, nosso gozo. Colocar mais potência ou retirar uma que está excessiva. A possibilidade de recobrir a vida com significantes permite darmos novas direções às coisas do registro Real, como uma história que é continuamente escrita e reeditada em nossa cabeça.

São as fábulas que contamos aos outros (e a nós mesmos) sobre quem somos, quem não somos, quem desejamos ser. E também sobre quem são os outros, os pequenos e o grande Outro. Será que cabem fatos e verdades na realidade psíquica? Ou apenas narrativas?

É muito fascinante pensar que Lévi-Strauss[18] associou a prática psicanalítica a um tipo moderno de xamanismo. O antropólogo relacionou as duas modalidades a dois tipos diferentes de jornada de desalienação. Tanto o xamã como o psicanalista propõem algum tipo de tratamento por meio da linguagem e da nomeação dos estados informulados da alma. Como disse o filósofo Wittgenstein, "os limites da minha linguagem são os limites do meu mundo". A grande diferença está no fato de que o xamã parte do mito social, enquanto o analista se debruça, sobretudo, sobre a ficção individual. Além disso, o xamã ocupa o lugar de fala. O psicanalista, de antemão, o lugar de escuta; e é seu dever guiar o sujeito na reconstituição do seu próprio mito pessoal. Pelo efeito do Simbólico, fazemos a revivência de situações ocorridas ou imaginadas e, se as coisas correrem

---

18 LÉVI-STRAUSS, Claude. A eficácia simbólica. In: *Antropologia estrutural*. Traduzido do francês. Rio de Janeiro: Tempo Brasileiro, 1975.

bem, reordenamos os elementos constituintes do conflito para que ele afrouxe o sintoma e nos gere menos pesar.

Falando assim parece fácil. Mas é sempre difícil falar sobre a nossa angústia, justamente porque é aí que nos faltam palavras. A angústia não tem nome e sua causa é inconsciente. O conteúdo ideativo que poderia explicar a angústia está recalcado, fazendo com que esse afeto muitas vezes corra desimpedido, excessivo, em alta velocidade, aparentemente sem origem e destino. Só quem pode verdadeiramente escutar e dar sentido à angústia é o sujeito que a sente, e esta é justamente a sua maior dificuldade: decidir sobre a sua angústia. Afinal, por que estou angustiado? Na maior parte das vezes, não temos ou damos o tempo necessário para articular e analisar esse incômodo. Disfarçamos a dor. Estancamos o sangue. Cobrimos a ferida sem fazer um curativo. Só que não nomeá-la acaba se tornando um motivo gerador de ainda mais angústia. Daí, muitas vezes, a incidência do pânico. Como fazer a escuta de um berro sem sentido senão com a ajuda da fala?

Algumas pessoas, em algumas ou muitas fases da vida, podem apresentar uma grave incapacidade de identificar e se abrir com relação aos seus sentimentos. Esse transtorno tem nome: alexitimia. Uma dificuldade de perceber e nomear as emoções. Uma vida mental tão concreta e operacional que impossibilita a conscientização dos afetos. Uma apatia que a analista Adriana Meyer Gradin nomearia talvez de coração murcho.[19] Ou o que a analista Joyce McDougall chamaria de normopatia,[20] a condição de quem aparenta estar sempre muito bem adaptado à realidade externa, porém até demais. O normopata vive um falso senso de normalidade que exclui o contato com sua realidade psíquica. Não há espaço para a singularidade, e a sua tentativa de blindagem psíquica o faz evitar qualquer contato com conflitos ou sofrimentos internos. A experiência que tem de si mesmo torna-se limitada, atrofiada, anestesiada, e eventualmente vai se desdobrar em uma variedade de enfermidades da mente e do corpo.

Geralmente evitamos falar sobre coisas difíceis que nos acontecem ou aconteceram, porque acreditamos que isso vai nos gerar ainda mais desconforto. Sim, é possível que isso aconteça, mas dar palavra ao mal-estar é também poder trabalhar com algo. Existe uma curva de sofrimento perante a lembrança de um

---

19 MEYER GRADIN, Adriana. *Corações murchos: o tédio e a apatia na clínica psicanalítica.* Curitiba: Appris Editora, 2020.
20 MCDOUGALL, Joyce. *Em defesa de uma certa anormalidade: teoria e clínica psicanalítica.* Porto Alegre: Artes Médicas, 1983.

episódio traumático que, de forma simplificada, acontece basicamente em três tempos. No primeiro tempo, há o silêncio e um sofrimento mais ou menos velado. No segundo tempo, há o início da fala e uma revivescência sensorial que pode provocar um aumento do sofrimento psíquico ou corporal. No terceiro tempo, o final da fala e um novo endereçamento simbólico ao trauma provocam uma atenuação do sofrimento. É a catarse do desabafo. A descompressão de um afeto que estava bloqueado, seja ele qual for: medo, raiva, culpa, vergonha, entre tantas outras possibilidades que podem habitar o nosso inconsciente.

Entrar em detalhes a respeito de uma situação que nos perturba profundamente não é algo simples e trivial de se fazer, mas é um esforço capaz de movimentar um pesar que está cristalizado. A verdade é que, se já lembramos, já sofremos. O sofrimento já é real. Portanto, falar a respeito pode ser um alívio. Freud diz que o neurótico sofre de reminiscências. Mais do que uma lembrança, a reminiscência é uma memória que se coloca de forma impositiva sobre o psiquismo. É uma memória incompleta, confusa e geradora de angústia. É somente com a elaboração dessa cena que ela pode ganhar um novo sentido e ter os seus afetos inconscientes descarregados e ressignificados. Quem tem a lembrança de um sofrimento e não a verbaliza sofre em dobro. É aquela história: o que envenena quando está guardado é também a cura quando é colocado para fora. Ótimo, mas e quanto tempo levaremos para finalmente conseguir fazer isso?

O TEMPO QUE LEVA TEMPO

O que a psicanálise tem a nos dizer sobre a nossa relação com o tempo? A ciência comprova que a Terra gira e que as estações mudam, mas não podemos ignorar que o tempo não é apenas uma percepção cognitiva, mas também uma construção cultural e simbólica. É tão objetivo quanto subjetivo. É coletivo e compartilhado no relógio e no calendário, mas é íntimo e individual quando sentido pelo nosso corpo e pelo nosso psiquismo. Somos, em nossa idiossincrasia, o resultado da passagem por diferentes fases da vida, os grandes marcos, as transformações na nossa história — e tudo isso está intrinsicamente associado a temas que são muito caros à psicanálise, entre eles o trauma, a memória e o esquecimento.

Como bem define Maria Rita Kehl, em *O tempo e o cão*, "a qualidade que define o psíquico não é espacial, é temporal; daí a dificuldade dos neurocientistas em localizar, no tecido cerebral, o inconsciente freudiano".[1] O psiquismo é o resultado do nosso trabalho em lidar com a angústia da espera e do tempo vazio. É assim que criamos nossas formas tão particulares de imaginar e simbolizar a falta. Falta que se dá no agora de uma vida, ou no sempre de uma existência — eis a questão.

Se o percurso de uma análise leva tempo, assim como aprender sobre psicanálise na teoria e na prática, o que podemos articular sobre esses diferentes tempos? Como é possível lidar melhor com todos os tempos que esses processos levam? A tendência é sempre pela urgência, mas vai dar para apressar o passo?

Não faltam novos estudos sobre os impactos da alta velocidade no contemporâneo, que interessam não apenas a nós, analistas, que pretendemos entender os efeitos dessa aceleração na mente humana, mas também a qualquer um que se proponha a ser menos objeto e mais sujeito do seu próprio tempo. A nossa vivência temporal depende de muitos fatores, alguns dos quais atualmente ficaram ainda mais

---

[1] KEHL, Maria Rita. *O tempo e o cão*: a atualidade das depressões. 2. ed. São Paulo: Boitempo, 2009.

voláteis e suscetíveis a profundas alterações. Tudo isso mexe não apenas com a nossa capacidade de sentir a passagem cronológica, mas também, como sabemos, com o nosso estado emocional.

Neste capítulo final, trago uma reflexão sobre estes diferentes tempos do analista e do analisando: o tempo de uma formação, o tempo de uma análise, o tempo de uma sessão e o tempo para a cura de um sofrimento. Quais são os novos ritmos que nos atravessam e nos influenciam nessas durações? Ainda temos tempo para a psicanálise?

Acredito que há uma diferença muito oportuna entre a paciência necessária de um paciente e a espera de uma esperança apática. "Não é sala de espera, é antessala", já dizia uma analista que muito me inspirou a lidar com o tempo necessário das coisas. Há um certo intervalo temporal que devemos batalhar para encontrar e agarrá-lo assim que o alcançarmos. A busca pela hora certa de realizar um movimento que seja capaz de transformar um padrão de comportamento e contornar a repetição. Que instante é esse? Quando ele chega? Tudo isso é importante porque sabemos que, um dia, o tempo vai passar. E, se ele passar, ele não passa, ele vira outro. E aí é outro tempo. E, para os tempos mudarem, sempre leva algum tempo.

TEMPO PERDIDO

Imagine a dor de viver o tempo todo tentando reivindicar um tempo perdido. Isso, sim, seria uma grande perda de tempo. Felizmente, a psicanálise nos adverte que é possível e necessário receber a perda de braços abertos. Relembra-nos, pela ideia da castração, que 1) não se pode ter tudo; 2) não existe um ganho puro sem alguma perda; e 3) talvez não devêssemos temer tanto a perda, até porque ela inaugura um lugar importante dentro de nós que definitivamente precisaremos usar em outras ocasiões: o lugar de perda.

Mas sejamos justos com nós mesmos. O pavor terrível da perda de tempo tem um motivo bem real e concreto. Apesar de toda a construção imaginária que podemos formular a respeito da vida após a morte, ou a suposta longevidade do Eu que podemos atribuir a filhos, heranças e legados que deixamos para o mundo, sabemos (e também ignoramos) que o nosso destino é a finitude do ser. Por isso, o tempo é mesmo precioso.

O contexto pandêmico, no seu auge em 2020 e 2021, foi tragicamente didático nesse sentido. Além de todas as privações e perda de vidas que enfrentamos, fomos arrebatados por uma sensação generalizada de que o tempo e o capital nos foram extraviados.

"Foram dois anos perdidos", era o que se dizia. Mas, para a realidade psíquica, o problema maior nunca foi perder tempo, e sim tentar não perder tempo algum. Quando vivemos como se não pudéssemos perder tempo algum, paradoxalmente, a sensação é de que estamos perdendo mais tempo ainda. Alguma perda deve sempre haver, mas é possível que estejamos confundindo os tipos de perda e suas funções.

O filósofo Byung-Chul Han e tantos pensadores contemporâneos presumem que estamos adoecendo de muitas coisas, mas principalmente de hiperconexão, caminhando em direção a uma fugacidade progressiva. Em função dela, aniquilamos as pausas e lacunas com o uso excessivo de aparelhos virtuais, que fazem um preenchimento constante e inautêntico do tempo. Nossa vida mental, atravessada pelo contexto digital, se torna, paradoxalmente, muito rica e muito pobre ao mesmo tempo. Cada vez mais, somos guiados por uma dinâmica de gratificação/frustração instantânea e por um ritmo vertiginoso de acúmulo de dados. Essa temporalidade, que reconhecemos tão bem, apresenta uma natureza descontinuada, geralmente vazia, raramente fértil, suprimida pela urgência e pelo anulamento da memória e da experiência. O rolar de dedos infinito no *feed* e nas abas do navegador não tem começo nem fim. E tem finalidade? Ou é apenas a morte em si, feito pulsão de morte? Estamos ocupando, passando ou matando o tempo? Se nos colocamos prioritariamente em transe e suspensão, é possível que esse seja um tempo mortífero.

No debate *O divã e a tela*, a psicanalista Julieta Jerusalinsky[2] desenhou bem o estado de coagulação temporal em que nos encontramos. Ao receber e visualizar os estímulos, somos constrangidos a respondê-los. Reagimos no ato, com pouco ou nenhum intervalo para a simbolização e a transformação dos afetos. Comprimimos a elaboração psíquica em prol do rendimento. Damos respostas precipitadas, com um imediatismo que compromete os tempos de ver, compreender e concluir. "Não se deve compreender muito rápido",[3] avisou Lacan. Enquanto humanidade, talvez estejamos mais eficientes, mas parece que estamos também mais ansiosos, cansados e até alienados, o que contradiz diretamente a alta circulação de dados e informações.

---

2 *Debate: o divã e a tela: psicanálise em-linha (online) em debate*, Centro de Estudos Psicanalíticos (CEP), 2021. Disponível em: https://centropsicanalise.com.br/curso/debate-o-diva-e-a-tela-psicanalise-em-linha-online-em-debate-2021/. Acesso em: 14 out. 2022.

3 LACAN, Jacques. *O Seminário, livro 2*: o eu na teoria de Freud e na técnica da psicanálise. Rio de Janeiro: Zahar, 1985.

Se a premissa cultural defende que tempo é dinheiro (e que o capital é o senhor do nosso tempo), o mais trabalhoso não é se apressar para entrar no ritmo da engrenagem econômica e social, mas, sim, sustentar uma posição temporal subjetiva e específica que não seja tão impreterível diante da aceleração exponencial da vida. É a pressa para concluir a lista diária de tarefas. São os fármacos que otimizam nossa concentração e produtividade. Os conteúdos em vídeo e áudio que são reproduzidos em fragmentos e em alta velocidade. O luto que é apurado e irrefletido. A afobação que impede a nossa escuta. E aí complica para os dois lados, pois, se sabemos que a escuta do outro está comprometida, isso também vai impedir a nossa elaboração. Por que falar se eu já pressuponho que o outro nem vai escutar? Sem tempo, irmão.

Podemos até idealizar a respeito de uma época em que o tempo não era tão estreito e escasso como hoje, um tempo em que parecia haver mais tempo disponível. Mas não sei quanto essa nostalgia nos ajudaria, no momento atual, a encarar o futuro. O mais irônico do avanço civilizatório é que as novas tecnologias surgem, a princípio, para poupar o nosso tempo e substituir o trabalho humano de forma mais eficaz e automática e, assim, na teoria, nos liberar para outras realizações. No entanto, há algo sobre essa compressão temporal que nos faz incompreender a completude da experiência, e esse fenômeno parece estar por trás de muitos dos padecimentos psíquicos que enfrentamos hoje em dia.

Parte dessa crise está no fato de que a lógica tirânica e dominante da hiperconveniência pode estar nos demitindo do lugar de sujeito desejante. Isso porque o desejo se dá no hiato, no "vir-a-ser". Conseguir praticamente qualquer coisa com a facilidade de um clique pode estragar uma parte importante do nosso desejo e, com certeza, vai reduzindo nossa tolerância à frustração. Arriscamos também perder nosso lugar de sujeito do próprio desejo quando algoritmos e inteligências artificiais trabalham incansavelmente para tentar influenciar e determinar o que queremos ou do que gostamos ou precisamos. Viramos produto e, inconscientemente, afastamos a realidade da fantasia, como se as demandas improrrogáveis da vida representassem a realidade, e a fantasia fosse um tempo que devemos jogar no lixo. É como se as tecnologias estivessem nos desensinando as capacidades de imaginar e desejar por conta própria e nos assegurando um poder ainda mais fálico e desmedido para o alcançar, o consumir e o descartar.

Como recurso imediato para se distrair de si e do próprio desejo, essa evasão vem com um preço alto, a ser pago dentro e fora das telas. Afinal, quanto tempo de vida será que deveríamos passar olhando, escutando e tocando uma tela? Tudo indica que esse tempo só vai aumentar, então vamos precisar de novos antídotos. E, mais do que isso, necessitamos de um entendimento mais amplo de que essa crise na relação com o tempo não se trata apenas de uma questão de conexão/desconexão com o contexto virtual. As férias, os feriados e os finais de semana são ótimos exemplos de como estamos dominados pela lógica de que nenhum tempo deve ser comprometido, nem mesmo o tempo livre. O ócio já foi uma atividade que continha em si a sua própria finalidade: fazer nada. Mas, hoje, também pode ser vivido como um tempo à parte das obrigações que esbarra na noção de preguiça: o grande alvo de condenação de uma cultura neoliberal hipertrabalhista.

O ócio pelo ócio, enquanto um momento próprio de suposta liberdade e reflexão, não é um lugar simples de ocupar. Torna-se também dever e trabalho quando está articulado pela dominância do seu oposto: a noção de utilidade. Torna-se manutenção performática de um tempo livre que jamais pode ser desperdiçado. O próprio relaxamento se torna funcional para garantir a boa retomada à rotina de trabalho. É a falta de sono do insone que precisa conseguir dormir o quanto antes, não só porque está cansado ou porque merece o descanso, mas também porque precisa estar disposto para a jornada de trabalho no dia seguinte. Fica difícil dormir assim.

Olgária Matos e Adauto Novaes, na série de palestras *Mutações*,[4] que fez um "elogio à preguiça", identificaram a negação do ócio pela sua transformação em *neg-ócio*. A vergonha ou a culpa por não estar aproveitando todo o potencial de um período *off* não tem relação com uma suposta "qualidade do tempo ocioso". A noção de tempo de qualidade, por sinal, é uma invenção cultural bastante problemática. O ócio é gratuito e deve pertencer ao próprio sujeito, e não às expectativas sociais e culturais, ainda que as indústrias do lazer, do turismo e do entretenimento façam de tudo para perpetuar a dinâmica de consumo que invade também a forma como desfrutamos (ou tentamos desfrutar) do nosso tempo livre.

Apesar de todos os crescentes movimentos contrários à ideologia moderna (e atrasada) da hiperaceleração, encontrar-se "sempre ocupado e indisponível" não é só uma questão de sobrevivência para a maioria de nós, mas é também um constructo de status social, um triunfo narcísico. Como já dizia o psicólogo existencialista Rollo May, "há pessoas que obtêm um

---

[4] NOVAES, Adauto (org.). *Mutações*: elogio à preguiça. São Paulo: Edições Sesc-SP, 2012.

pseudo e temporário senso de vivacidade ao correr de um lado para o outro como se estivessem realizando algo; como se o fato de estarem ocupadas e se movimentando fosse uma prova da sua importância".[5] E vai dar para abrir mão disso? Quem somos nós se não estivermos continuamente ocupados? Vagabundos? Depressivos? Privilegiados?

Ocasionalmente, quando nos autorizamos uma descontinuação do imperativo que nos faz responder compulsoriamente a exigências e compromissos externos, o tempo se torna uma passagem ideal para o encontro com a nossa subjetividade. Uma pausa para reintegrar aspectos espalhados do *self* e renovar uma condição inventiva perante a vida. Mais criatividade e menos produtividade. Mais fluidez e menos controle. Mais desejo e menos demanda. Ao abrir outras janelas de absorção e vivência do tempo, encontramos um alívio para boa parte dos sintomas psíquicos que nos atormentam hoje. Para isso, faz-se necessário escavar alguns furos no tempo — e o principal deles é tomar consciência de que o tempo não é tão organizado e sequencial como a gente gostaria que fosse. É conformar-se com o fato de que a nossa tentativa obsessiva de dominá-lo só vai inflamar ainda mais a nossa angústia existencial.

---

5 MAY, Rollo. *O homem à procura de si mesmo*. Petrópolis: Vozes, 2011.

NÃO LINEAR, DO COMEÇO AO FIM

Apesar da sua engenhosidade impressionante, precisamos admitir que o cérebro humano também é sistematizado por lapsos temporais, uma premissa que pode ser constatada por diversas definições da teoria psicanalítica. Entre elas, 1) o recalque, que não deixa de ser um tipo de confusão temporal de um passado que passou, mas não passou; ou 2) as lembranças encobridoras, que sustentam uma memória viva, porém incompleta, presente e ausente, ao mesmo tempo, na nossa mente consciente; ou 3) o trauma, que acontece sempre em um segundo tempo, na sua significação *a posteriori* do evento original, no *Nachträglich*, no "só-depois", de forma retroativa; ou 4) o narcisismo secundário, que nos faz viajar no tempo e revisitar o nosso narcisismo primário lá da primeira infância; ou 5) as adições e compulsões, às quais recorremos para tentar congelar o instante presente e ganhar algum tempo psíquico diante do enfrentamento com a nossa falta constituinte. Afinal, o tempo do inconsciente é múltiplo e não linear? Ou o inconsciente é simplesmente atemporal?

A essas questões, podemos adicionar uma nova camada de complexidade: a ampliação e a transferência das funções cognitivas aos dispositivos digitais, que exercem hoje um papel de extensão artificial do nosso sistema nervoso. Se Jung dizia que "devemos renunciar inteiramente à ideia de uma psique ligada a um cérebro", eu diria que hoje pensamos e sentimos principalmente com a ponta de nossos dedos. Manipulamos capacidades sobre-humanas de armazenamento, memória e processamento com o uso continuado dos nossos equipamentos de estimação, mais grudados em nós do que nossos filhos e amantes. Travamos uma negociação silenciosa entre nosso aparelho psíquico biológico e os aparelhos digitais que estão basicamente o tempo inteiro acoplados às nossas digitais, nossos olhos e ouvidos. Diante dessa parceria (ou seria uma trincheira?), a gestão da nossa memória pessoal entra em uma nova fase e, com isso, vivemos uma nova crise de adaptação por parte do nosso psiquismo.

A negação de fatos do presente e a repressão de memórias do passado são formas naturalmente neuróticas de proteger alguma homeostase psíquica. Ignoramos e nos esquecemos, porque não queremos ou não damos conta de saber de tudo. Mas hoje, ao terceirizarmos à tecnologia boa parte das nossas funções cognitivas, esses fenômenos também acontecem de outras formas. Não nos lembramos mais das coisas como antigamente, o que, invariavelmente, significa também que não nos esquecemos mais das coisas como antigamente.

    Aplicativos de vídeos e fotos, por exemplo, nos relembram do que fazíamos, onde e com quem estávamos, nesse mesmo dia, há não sei quantos anos. Mecanismos de busca influenciam e redirecionam o nosso comportamento on-line com base nos nossos históricos de navegação. (Mas o que acontece se o sujeito mudou ou se deseja mudar?) Salvamos conteúdos para ler depois... mas depois quando, se a avalanche de conteúdos nunca cessa? Não há *break*. Somos intimados a testemunhar todos os registros da vida cotidiana daqueles que as redes sociais entendem que são importantes para nós. Até que, em dado momento de exaustão, o próprio *feature* estraga o nosso interesse pelo outro, o que nos leva muitas vezes a fazer cortes forçados de silenciamento. Próximo demais, distante demais. Presente demais, ausente demais. No fim, todo esse aparato hiperfuncional nos liberta ou nos limita em nossas ações? Que autonomia as nossas instâncias psíquicas ainda têm para decidir a respeito dos nossos investimentos libidinais? A respeito do que deveria ser lembrado, esquecido, repetido ou renovado.

    Pesquisadores da neurociência, da neuroplasticidade e da linguística, como Nicholas Carr, autor de

A geração superficial: o que a internet está fazendo com os nossos cérebros,[6] têm feito sérias críticas a respeito da nossa atual capacidade de leitura e interpretação de estímulos externos, apontando para uma fragmentação da atenção e um enfraquecimento da retenção de conhecimento, além de uma espécie de dissolução da mente linear. Eu adicionaria ainda a seguinte questão: quão linear, em sua totalidade, a nossa mente realmente é, mesmo antes da invasão da lógica da internet dentro das nossas cabeças? Nesse sentido, a influência da dialética digital não precisa ser encarada apenas como uma ameaça apocalíptica, mas também como um incentivo para refletirmos com mais profundidade sobre como a nossa mente funciona, como sempre funcionou ou poderia vir a funcionar.

Buscamos a linearidade nas nossas narrativas pessoais, em nossos comportamentos e em nosso modo de pensar. Fazemos isso para ter, quem sabe, alguma sensação de controle sobre os pontos de partida e de chegada. Mas sabemos que o inconsciente não opera dessa forma. Uma prova disso é que, no trabalho clínico, é bastante comum que o

---

6 CARR, Nicholas. *A geração superficial*: o que a internet está fazendo com os nossos cérebros. Rio de Janeiro: Agir, 2010.

analisando se preocupe excessivamente em tentar relembrar tudo que foi tratado na última sessão para tentar continuar a partir daquele mesmo lugar. O próprio analista está sujeito a cair nessa cilada cartesiana e, com isso, quebrar a regra básica da associação livre. Como defende a abordagem bioniana, o analista deveria entrar, em cada sessão, "sem memória e sem desejo". E o paciente deveria se ocupar em falar o que lhe vier à mente, em vez de tentar sustentar uma narrativa com início, meio, fim e moral da história. O analisando quer fazer síntese, mas o trabalho é de análise. É psicanálise, e não psicossíntese.

Eu confio na estratégia de que não devemos ativamente retomar os assuntos que consideramos os mais importantes em cada caso, porque, uma hora ou outra (ou melhor, na hora certa), esses assuntos vão voltar. Tudo pode voltar à consciência, porque nada vai embora do inconsciente. Esse retorno pode, em muitos momentos, parecer custoso e repetitivo, mas sempre virá com alguma diferença, ainda que mínima. Uma vez que um conteúdo latente foi, de alguma forma, elaborado, ele nunca voltará exatamente igual. A sensação em uma análise pode ser de que giramos em círculos. Ainda assim, nunca estamos na mesma circunferência. Talvez seja mais como uma espiral, que de um ângulo parece avançar muito e, de outro, muito pouco. Quantas voltas podemos dar em um mesmo assunto? Buscando e criando sentido, contornando um buraco que fica no centro e do qual nos aproximamos, mas no qual não conseguimos entrar. Espiar para dentro e relatar o que conseguimos avistar já é o bastante para dar algum contorno e formatar algum simbólico que aplaque o sofrimento de desconhecer o caminho, a direção e o sentido completo.

A quebra da repetição também pode ser praticada pela desestabilização do controle da fala e do tempo, métodos poderosos em um tratamento analítico. O tempo lógico proposto por Lacan, em contraponto ao tempo cronológico dos ponteiros do relógio, aposta em uma outra mensuração temporal, mais bem sincronizada com os lapsos do nosso inconsciente. O corte repentino da escansão, que delimita um tempo variável e imprevisível para a sessão, pretende retirar o sujeito do seu lugar de cliente/freguês com suas demandas típicas de consumo. O psicanalista e autor Bruce Fink alega o seguinte:

> A sessão de duração fixa dá ao paciente a falsa impressão de que ao vir para a análise ele está pagando por um serviço como qualquer outro, um serviço cujas condições são reguladas por um

tipo de acordo contratual, no qual os pacientes podem ficar certos de receber exatamente o que pretenderam pagar.[7]

Por isso, a psicanálise pode ser tão incômoda e até irritante, porque nos desloca de onde achávamos que estávamos, no espaço e no tempo. Ajuda-nos a navegar na liminaridade, esse estado psicológico entre a lucidez e a loucura, a trivialidade do cotidiano e a magnitude de uma vida inteira. E tudo isso se dá a partir de uma determinada fala que fracassa em ser linear, um determinado significante que nos escapa, uma determinada associação que denuncia o ponto atemporal de ligação entre afetos inconscientes, sentimentos conscientes e representações mentais. São esses retornos contínuos que dão um novo compasso às nossas lembranças e aos nossos esquecimentos.

Como diz o fragmento poético *Cinco para o meio-dia*, da psicanalista Luciana K. P. Salum, é "algo como a obra de Salvador Dalí, na qual nos deparamos com relógios derretidos diante da persistência da memória".[8] Diante da rapidez insistente de Kronos,

---

[7] FINK, Bruce. *Fundamentos da técnica psicanalítica*: uma abordagem lacaniana para praticantes. São Paulo: Blucher, 2017.
[8] SALUM, Luciana K. P. *Fragmentos*: sobre o que se escreve de uma psicanálise. São Paulo: Iluminuras, 2016.

quem tem tempo para ficar remexendo no passado? Cada vez menos o temos. Mas convém lembrarmos que nem tudo que é anterior ao hoje se configura como passado. Algo que foi vivido ou não vivido, três ou trinta anos atrás, pode estar operando até hoje, reverberando em nossos atos e pensamentos e, com sorte, escorregando para a nossa fala em um contexto de análise. É nesse desarranjo que se cristaliza um conflito psíquico. É por esse motivo que entramos em dissonância com algumas partes de nós mesmos e com a realidade externa.

Com relação a essa última, precisamos de muita cautela para não incentivar uma espécie de psicanálise adaptativa, o que seria um tremendo desastre. De fato, existem dias e fases da vida em que o tempo do mundo não combina em nada com o nosso tempo interno. Isso é um grande problema. Queremos existir, mas em outra velocidade. Queremos defender nosso ritmo, mas acumulamos dívidas e atrasos. Tornamo-nos decepção para os outros e, pior ainda, para o nosso próprio Ideal de Eu. Estar em desencontro com os imperativos do campo social e com a pressa da demanda do outro pode ser, de fato, considerado um sintoma de um quadro depressivo. Maria Rita Kehl fala da "relação entre as depressões e a experiência do tempo, que na contemporaneidade praticamente se resume à experiência da velocidade. [...] Sofrem de um sentimento de tempo estagnado, desajustados do tempo sôfrego do mundo capitalista".[9]

Vale um comentário aqui – que se costuma ouvir no senso comum – de que a depressão é a incidência de um excesso de passado no sujeito e que a ansiedade seria um excesso de futuro. Essa é uma explicação didática para se pensar a respeito de sintomas; porém, sem dúvida, é simplista demais. Até porque as perturbações ansiosas e depressivas não são tratadas de forma tão antagônica assim pela própria psiquiatria. Antidepressivos também são indicados para a regulação de neurotransmissores nos casos de transtorno de ansiedade. Depressão e ansiedade estão, de certa forma, em um mesmo espectro de diagnóstico, pois ambas são respostas de sofrimento ao fato de que viver no tempo presente se tornou um desafio para a nossa mente. Afinal, como contornar o fato de que não temos *agora* tudo aquilo que desejamos? Ou, mesmo, que desconhecemos *ainda* tudo aquilo que desejamos?

A psicanálise, apesar de não parecer, também transita nessa torção temporal. Em geral, é colocada por outras abordagens terapêuticas em um tipo de sombra

---
[9] KEHL, Maria Rita, *op. cit.*, 2009.

depressiva, como se fosse marcada predominantemente pela investigação e pelo apego ao passado do sujeito. No entanto, a leitura lacaniana a respeito da exploração do inconsciente propõe que não se trata exatamente da descoberta de algo antigo e secreto que estava encoberto, mas sim de um processo de atualização. Uma invenção que fazemos do passado. Nesse sentido, é impossível identificar uma continuidade razoável no campo mental, pois não existe noção de presente sem algum retrogosto de passado, tampouco qualquer possibilidade de futuro sem alguma apreciação do presente.

O futuro também não se salva desse complexo de sobreposições. Como diz a famosa fala do escritor de ficção científica William Gibson, que futuristas e pesquisadores de tendências tanto veneram, "o futuro já está aqui, só não está bem distribuído". Apesar das contingências externas, o desejo e a pulsão, mais cedo ou mais tarde, nos encaminharão a algum lugar. Ou seja, há mais do nosso futuro em nossa mente do que costumamos pensar a respeito, e é desse futuro, que já está aqui, que também precisamos falar e elaborar a respeito.

A aposta e o investimento na análise se dão, portanto, em um empreendimento no tempo subjetivo do analisando, em toda a sua amplitude. Um tempo que é sempre outro e que não deveria ser condensado à força por ninguém, muito menos por um analista. O nosso tempo é a nossa tentativa de tentar preservar a nossa saúde psíquica. Pode até não estar dando muito certo, em determinados momentos da nossa vida, mas não devemos atropelar *isso* que habita aqui dentro, que precisa ser escutado e que talvez ainda leve muito tempo para sair.

LINHA DE CHEGADA, CURA OU MORTE

Para chegar a algum desfecho neste livro, retorno a uma questão que me trouxe aqui, logo no começo, e da qual espero não ter me afastado completamente: a da formação do analista. Aliás, "o que te traz aqui?" é exatamente a famosa pergunta que fazemos nas entrevistas preliminares com nosso candidato a analisando (pergunta que, por sinal, é sempre bom refazermos de vez em quando). Até porque o mais interessante é quando essa queixa inicial, transformada em demanda de análise, retorna algum tempo depois, e podemos chegar, com o analisando, a um novo patamar de consciência de tudo que havia e ainda há por trás daquela questão inicial.

Sobre a formação do analista, em 1911, Sándor Ferenczi, médico húngaro e famoso interlocutor de Freud, advertiu: "O perigo que nos espreita, de certa maneira, é que viéssemos a ficar em moda e crescesse rapidamente o número daqueles que se dizem psicanalistas sem o ser".[10] Sim, a previsão estava correta: estamos na moda e talvez estejamos *sendo sem ser*, por toda a complexidade de fatores econômicos e culturais que hoje nos atravessam e que já abordamos aqui. Antes de participar do jogo mercadológico, o analista torna-se analista pelo reconhecimento em sua comunidade de psicanalistas, e isso deveria demorar mais que a velocidade com que podemos criar um anúncio publicitário dos nossos serviços clínicos ou comprar seguidores em nossas redes sociais.

Falando em compras, sabemos que há em curso um longo combate à transformação da psicanálise em produto do ensino superior privado, ao passo que vamos arregalando os olhos, com medo e/ou maravilhamento, para todos os novos espaços que os psicanalistas passam a ocupar na sociedade. Como disse Daniel Kupermann à *Revista Cult*:

---

10 KUPERMANN, Daniel. A formação do psicanalista: passado, presente e futuro. *Revista Cult*, edição 283, 30 jun. 2022. Disponível em: https://revistacult.uol.com.br/home/formacao-do-psicanalista-passado-presente-e-futuro/. Acesso em: 14 out. 2022.

O acesso proporcionado pelas novas mídias digitais, aliado à presença de psicanalistas nos principais jornais e programas de televisão, o que já vinha despertando o interesse dos brasileiros pela psicanálise há alguns anos, explodiu com a pandemia de covid-19. E o fluxo de postagens, lives e afins foi sucedido pela abertura de algumas "formações on-line em psicanálise" e pela notícia bombástica da oferta, por parte de um centro universitário privado, de um bacharelado EAD em psicanálise, em vias de ser validado pelo MEC."

Enquanto um processo de instrução e treinamento é mensurado em cargas horárias, as experiências singulares de angústia e prazer que atravessam o psicanalista, em sua contínua formação, ficam de fora da grade curricular — e vão diretamente para dentro dos nossos sonhos, para o consultório do nosso analista e para a troca profissional e pessoal com nossos colegas. Ou, como afirma o analista Carlos Cesar Marques Frausino, "o psicanalista é o sujeito que conquistou um saber sobre seu inconsciente, e não o saber constituído, cumulativo e totalizante

---

11 Idem.

gerado nas instituições convencionais de ensino. Não se forma um psicanalista, mas se torna um analista".[12]

Esse esforço para proteger nossa subjetividade temporal se faz necessário para refletirmos não só sobre o que seria o suposto fim da formação de um analista, mas também sobre o que seria o suposto fim da "formação de um analisando". Até porque uma coisa está ligada diretamente à outra. Se analistas também são analisandos, as suas análises precisariam chegar ao fim para que eles se tornem analistas? O que seria, afinal, o fim de uma análise? Seria a extinção da neurose? O fim do sofrimento? O fim de *algum* sofrimento?

O ser humano, ser desejante e ser de linguagem, está condenado a sentir, de segunda a segunda. Só acaba quando morremos. O *pathos* é doença, mas também é paixão, e, por mais saudáveis que estejamos, disso não escapamos. Há sempre uma pulsão ainda por chegar, vinda de algum lugar, em direção a algum lugar, habituada a se fazer presente desse ou daquele jeito. Se, como diz o filósofo Kojève, "o desejo

---

[12] MARQUES FRAUSINO, Carlos Cesar. Falácias psicanalíticas: o bacharelado em psicanálise. *Revista Cult*, edição 283, 30 jun. 2022. Disponível em: https://revistacult.uol.com.br/home/falacias-psicanaliticas-o-bacharelado-em-psicanalise/. Acesso em: 14 out. 2022.

humano não deseja objetos, ele deseja desejo",[13] o que o dispositivo analítico pode proporcionar são melhores condições para reconhecermos as nuances e os embates desse desejo que é autofágico em si mesmo. Assim, com sorte, conseguiremos tomar melhores decisões por nós mesmos. Esse desafio soa bastante ambicioso e não parece que algum dia vai chegar a um fim absoluto e derradeiro, mas pode e deve, sim, chegar a algumas conclusões.

A análise não encerra todas nossas inquietudes, porque isso encerraria com a vida do sujeito. O que ela pretende é nos jogar para a vida, apesar de todos os seus pesares, ou, como diz o psicanalista Guilherme Facci, "a psicanálise não vai salvar sua pele, pelo contrário, talvez ela permita que você coloque a própria pele em jogo".[14] Até porque a pulsão de vida freudiana nasce do desconforto, e não do conforto. O conforto sem dor é o transe nirvânico da pulsão de morte. Até mesmo a ciência, pelo ramo da hormese, reconhece os benefícios provocados por pequenas doses de dor como efeitos estimulatórios benéficos à nossa saúde. Nesse

---

13 KOJÈVE, Alexandre *apud* SAFATLE, Vladimir. *Introdução a Jacques Lacan*. Belo Horizonte: Autêntica, 2017, p. 38.

14 FACCI, Guilherme. *A loucura nossa de cada dia* [podcast e autopublicação]. Disponível em: https://www.guilhermefacci.com.br/categoria/podcasts/. Acesso em: 14 out. 2022.

sentido, o que fazemos é buscar o enfrentamento e a provocação, em vez de mirar na evitação radical de todo e qualquer mal-estar. A melhor saída é sempre atravessar,[15] e o grande paradoxo é que, para tentar sair, só entrando ainda mais. E quando é a hora de sair para voltar a enxergar de fora?

Como a maioria de nós, analistas, sabe, Freud voltou atrás na sua convicção de que a análise seria determinante em seu poder de eliminar por completo a neurose do sujeito, como se faz, em alguns casos, com a incidência de muitas doenças do corpo e da mente. Em carta a Wilhelm Fliess, ele conta sobre o estado do seu paciente Herr E.:

> Seu enigma está quase completamente solucionado, sua condição é excelente, e todo o seu ser está alterado; no momento, permanece um resíduo de seus sintomas. Estou começando a entender que a natureza aparentemente interminável do tratamento é algo determinado por lei e depende da transferência.[16]

---

15 FROST, Robert. A servant to servants. In: *The poetry of Robert Frost*: the collected poems. Nova Iorque: Henry Holt & Company, 1969.

16 FREUD, Sigmund. *Moisés e o monoteísmo, esboço de psicanálise e outros trabalhos (1937-1939) Volume XXII* [Análise terminável e interminável]. Rio de Janeiro: Imago Editora, 2006.

Um parêntese sobre a transferência: jamais podemos esquecer que toda relação transferencial entre analista e analisando tem uma limitação específica. Seria pretensioso demais, por parte de um profissional da nossa área, acreditar que ele ou ela pode abarcar tudo que caberia ao melhor tratamento possível daquele sujeito, seja por seu talento no manejo, seja pela vastidão do seu conhecimento teórico. Muitas vezes, cabe a nós reconhecer e respeitar até onde conseguimos ir, encerrar aquela análise ou transferir o caso a outro analista.

Há uma variedade interminável de fechamentos possíveis para uma análise (até hoje nunca vi um final igual ao outro). Todos eles nos ajudam a compreender que *aquela* análise chegou ao fim, mas não que tenhamos chegado a um tipo de fim de linha de produção, com mais um sujeito *analisado* para a nossa lista de projetos realizados. Talvez no lugar de sujeito *analisado* devêssemos falar em sujeito *analisando*, no gerúndio. Ou *analisante*? Existe uma diferença importante entre o que seria uma análise interrompida e incompleta, pelos mais inúmeros fatores, e o que seria uma análise interminável.

Independentemente dessas terminologias, a vida é acidental. Ainda que sintomas e traumas tenham sido tratados com afinco, as infelicidades e tragédias acontecem o tempo todo, e nenhuma análise nos poupa de ter que enfrentar sofrimentos que ainda não enfrentamos. Ou, ainda, novos sofrimentos que nos remetem a antigos sofrimentos que já enfrentamos, talvez não muito bem, no passado. O novo trauma faz a irrupção da neurose mal tratada. E aí é ainda pior, porque é um arco que não havia se fechado direito e que é reaberto à força. Além disso, não podemos ignorar o fato de que o mundo e a cultura mudam, com certeza, mais rapidamente do que na época de Freud, e que, com isso, as neuroses e os padecimentos também se atualizam, como sintomas sociais do nosso tempo. Ninguém está imune a essas transformações e novas contingências, por mais cultos e "analisados" que sejamos.

Para encarar um processo de análise, sem qualquer garantia de resultado, vai ser necessária alguma esperança ativa de que algo, sim, irá se transformar. Sempre haverá um antes e um depois, e é com essa certeza que trabalhamos quando iniciamos ou retomamos a nossa própria análise ou quando recebemos um novo analisando no consultório. Nem tudo pode se transformar, mas há muitas coisas que podem e que, de início, nem imaginávamos que poderiam. São essas mudanças que confirmam a maleabilidade do aparelho psíquico e o provável êxito de um tratamento em longo prazo.

Mas, afinal, o que vai dar para mudar e o que não vai? Essa é a grande incógnita que se vive na clínica da saúde mental. Traços de caráter, pensamentos repetitivos, comportamentos nocivos, memórias que não nos abandonam — tudo isso pode parecer *ad aeternum* em nossas vidas e assim continuará enquanto desconhecermos outras formas de existir. Mas outras formas podem ser inventadas, e é isso que chamamos de construção em análise. Não somos reféns absolutos da nossa história de vida ou do que poderíamos chamar de "personalidade". A neurociência comprova isso. O tempo também. Coisas acontecem. Pessoas mudam. E precisamos lidar com as novas *vibes*. O drama de hoje pode nos fazer rir amanhã. Já passamos por transformações antes e passaremos novamente. Em geral, o que realmente precisamos é dar mais crédito a nós mesmos e à nossa capacidade de mudança. É cultivar uma dose generosa de persistência para não desistirmos no meio do caminho, nem protelarmos tempo demais para pelo menos começar a tentar transformar algumas coisas.

Voltando à questão do tempo, o final de *uma* análise poderia ser pensado também como a conquista de uma relação de maior autonomia com a passagem do tempo. Aos poucos, eu passei a confiar no fato de que a análise nos toma, mas também nos devolve tempo, porque nos entrega a chance de algum respiro à medida que colocamos (quase) tudo para fora e depois para dentro de novo. Quando aprendemos não só a falar mas também a nos escutar. Nesse retorno a nós, podemos nos enxergar sob outro ponto de vista, em um plano mais aberto da existência, que pode estar para além do sintoma e para além da crise, e com isso ganhamos tempo para lidar com nossos apuros perante o desejo. É ganhar tempo e mobilidade diante daquela paralisia neurótica que nos é tão familiar, que nos diz que ainda não é a hora H do desejo ou, pior, que já é tarde demais.

Mas então dá para pensar que existe algum tipo de cura? Muitos analistas acreditam que a noção de cura seja um benefício adicional à análise, ou que simplesmente não cabe pensarmos a partir dessa lógica, que é própria da medicina. Ainda assim, analistas mais fervorosos, como o argentino J.-D. Nasio, exercitam e defendem a perspectiva da cura, como o faz explicitamente com o título da sua publicação *Sim! A psicanálise cura*. Com algumas ressalvas ao temido *furor curandis*, Nasio afirma que:

> nenhum paciente se cura por completo, e a psicanálise, como todo remédio, não cura todos os

pacientes, nem cura de maneira definitiva. Sempre restará uma parte de sofrimento irredutível, inerente à vida, necessário à vida. Viver sem sofrimento não é viver.[17]

Talvez não seja nem sobre encontrar algum tipo de cura, mas, como afirma Contardo Calligaris, conseguir "mudar de neurose, fugir da mesmice de uma neurose só".[18]

Essas pesquisas sobre nós que fazemos em análise são interessantes para percebermos como a gente se reconhece e se desconhece. Como a gente se ama e também se odeia. Como a gente muda, mas também não muda. E como é possível diferenciar a autoaceitação da resignação e da desistência, no que diz respeito às nossas neuroses e aos nossos sintomas. De alguma forma, é sobre fazer as pazes com a nossa subjetividade e entender que apenas Eu sou Eu no mundo, e que todas, todas as pessoas, portanto, são diferentes entre si. E isso é lindo e reconfortante.

A subjetividade também é sinônimo de um Eu potente. Quando todos se esforçam para serem

---

17 NASIO, Juan-David. *Sim! A psicanálise cura*. São Paulo: Zahar, 2019.
18 CALLIGARIS, Contardo. *Hello, Brasil! E outros ensaios*: psicanálise da estranha civilização brasileira. São Paulo: Três Estrelas, 2017.

parecidos entre si, em um suposto padrão de normalidade, deparamos com Eus em série, enfraquecidos. Ideologias extremas que anulam e excluem a alteridade, tão pulsantes nos dias de hoje, empobrecem a nossa capacidade subjetiva de perceber o mundo. Em um contexto em que a subjetividade não é legitimada ou estimulada, cria-se uma massa assustadora e perigosa, como nos movimentos fascistas, que buscam eliminar a diferença por meio da higienização social. Costuma-se dizer que "somos todos iguais perante Deus". Mas iguais a quem? Qual Deus ou representante de Deus? Qual seria esse modelo? Como afirmou o filósofo Deleuze, o verdadeiro charme das pessoas está nos seus traços de loucura. Então, uma certa medida de loucura em si e no outro vamos ter que conseguir bancar e, se possível, aceitar e amar. Somos ímpares, pois as nossas histórias de vida são únicas e intransferíveis. No entanto, examinar e cultivar a nossa própria subjetividade também não significa, ou não deveria significar, uma estimulação desenfreada ao hiperindividualismo.

É curioso pensar que, no senso comum, a psicanálise do século 20 talvez se resumisse mais à tendência de culpar os nossos pais por tudo que hoje acontece na nossa vida psíquica adulta. Agora, flertamos mais com a ideia de que, como o próprio Freud diz, o "destino é preparado pelo próprio sujeito".[19] Certo, ele é. Mas é preciso algum cuidado, pois sabemos que também circula hoje um discurso de que toda a responsabilidade pelo sucesso ou fracasso individual está em nossas próprias mãos. Essa é uma crença neoliberal meritocrática que pretende reforçar a premissa de que não passamos de grandes empreendedores de nós mesmos. Em outras palavras: se você acreditar, se instrumentalizar e se esforçar o suficiente, vai conseguir chegar exatamente aonde deseja e ser exatamente quem você deseja ser. Esse tipo de mensagem motivacional pode dar a entender que a nossa existência é formada apenas e exclusivamente por nós mesmos, como se fôssemos imunes a interferências e fatores externos e às nossas próprias castrações. É inevitável que a promessa de onipotência leve o sujeito contemporâneo à frustração e à exaustão. Primeiro, porque ele não vai conseguir tudo sozinho. Segundo, porque ele não vai conseguir tudo.

Quando atravessada por esse discurso, a própria psicanálise corre o risco de colocar "coisas demais" na conta do psiquismo do sujeito e promover mais opressão

---

19 FREUD, Sigmund. *História de uma neurose infantil ("O homem dos lobos"), Além do princípio de prazer e outros textos (1917-1920)*. São Paulo: Companhia das Letras, 2010.

e constrangimento do que ajuda e acolhimento. Porque, sim, existe uma forte influência do social, do sistêmico e do estrutural em nossos sofrimentos. E, sim, muita coisa é mesmo culpa dos nossos pais, dos nossos professores, do nosso governo, da tecnologia, das políticas trabalhistas e da nossa cultura. Identificar a responsabilidade do outro, no entanto, não nos exime de nos haver com a nossa própria responsabilidade para tentar o que for possível. E isso a análise acaba nos ensinando.

Fechando o percurso que me propus a traçar neste livro, e que se assemelha à minha própria relação de descoberta com a psicanálise, identifico (por fim e felizmente) alguns ganhos nessa trajetória, que com certeza são familiares a muitos analistas e analisandos: 1) a quebra inicial de bloqueios, resistências e inibições; 2) a capacidade de auto-observação dos vestígios do nosso inconsciente; 3) o ferramental teórico capaz de nos ajudar a navegar de forma crítica no mundo e na cultura atual; 4) a sensibilização para a magnitude da escuta, da fala e da nossa relação com os significantes; 5) a sustentação de temporalidades mais subjetivas, menos lineares e que não chegam a uma grande resolução final. Sim, este é o último tópico que compartilho aqui: a falta de respostas.

De todos os tipos de terapia, acredito que a psicanálise é a que menos trabalha com uma proposta de resolução de problemas. Por isso, não vai dar para consumir a análise. Não é um serviço, ainda que sejamos atendidos. Não é um curso, ainda que aprendamos muita coisa. Existem infinitos recursos e ferramentas para nos ajudar a obter soluções e respostas para nossas dúvidas e incômodos da vida e do cotidiano. É maravilhoso que eles existam e que hoje tenhamos muito mais acesso a esses conhecimentos e a profissionais das mais variadas áreas e especializações.

Muitas vezes, no entanto, o que pode ser mais terapêutico não é necessariamente uma resposta para as nossas questões, mas um tipo de processo que faça a gente sair com outras perguntas, ainda mais importantes e talvez mais indecifráveis. A análise é sobre aprender a se fazer melhores questões e não necessariamente sobre encontrar todas as explicações. São aquelas questões na vida que são difíceis de fazer justamente porque colocam a nossa própria vida em questão.

O êxito de uma análise está na formação de novas conexões associativas. Uma expansão psíquica que nos dê mais liberdade e autonomia para lidar com os impedimentos do nosso desejo. Não é apenas tentar mudar o que precisa ser mudado (ou o que desejamos mudar), mas também encontrar novos recursos para lidar com aquilo que não pode ser modificado de um dia para o outro ou em um pacote de dez sessões. A psicanálise nos reensina a castração por meio da sua própria incompletude, a sua impossibilidade de nos ofertar tudo o que *queremos*, ou seja, aquilo que *afirmamos desejar*.

O analisando chega perguntando ao analista e deve ir embora perguntando a si mesmo. Algumas vezes, indignado porque o analista não lhe deu a resposta. Outras vezes, grato porque houve um grande esforço de ambos para se tentar chegar lá. Podemos levar muitos anos para chegar a questões como essas e muitos outros para chegarmos a algum tipo de resposta mais ou menos satisfatória. Ou mesmo não chegar a resposta alguma. Até porque a resposta anula parte da fantasia que vem com a questão, assim como a satisfação anula o desejo.

Nem toda questão terá um destino ou ponto final de chegada, e tudo bem. O problema maior é que, ao evitarmos fazer a questão, damos todas as condições necessárias para transformar a questão em sintoma. Um desfecho possível seria não a eliminação completa das queixas e a realização plena de todos os nossos desejos, mas fazer o gozo condescender ao desejo,[20]

---

20 LACAN, Jacques. O *Seminário, livro 10*: a angústia. Rio de Janeiro: Zahar, 2005.

isto é, quando gozo e desejo se conhecem melhor e tornam-se aliados, amigos.

O que era queixa no início de uma análise pode se tornar saída no final, com uma voz mais neutra, que convive melhor com as condições inerentes do humano e do sujeito, sem fazer disso um tormento tão intolerável. É também sobre abrir mão de precisar saber sempre mais e mais, e mais rápido, ou querer saber de tudo o tempo todo. É se haver com o impossível da satisfação total. A beleza do inconsciente é que ele é infinito, e a mente, uma trabalhadora incansável. Nenhuma elaboração de qualquer tipo de saber pode ser finita e absoluta, e isso também vale para a elaboração de saber sobre nós mesmos. Enquanto esse infinito não acaba, seguimos vasculhando e examinando o que se passa dentro de nós para, quem sabe assim, viver um pouco melhor lá fora.

Editora Planeta Brasil | 20 ANOS

Acreditamos nos livros

Este livro foi composto em Mrs Eaves XL Serif OT e impresso pela Gráfica Santa Marta para a Editora Planeta do Brasil em março de 2023.